慶元縣志輯

第四册

【嘉慶】慶元縣志 二

《慶元縣志輯》編委會 編纂

浙江工商大學出版社
ZHEJIANG GONGSHANG UNIVERSITY PRESS
·杭州·

第四册　分目録

慶元縣志卷之九

知慶元縣事關學優庠修

選舉志

進士　舉人　徵辟　明經　例貢
援例　武職　貤封　恩蔭　耆介

王制命鄉論秀升諸司徒曰選士大樂正論造士之秀者以告於王而升諸司馬曰進士此制科所由始也自鄉舉里選之法廢而科目興時滋[illegible]明選途綜覈有進士有舉人有歲選有例貢有徵辟有人材與夫武職援例貤封恩蔭不一其途故

朝定鼎一遵舊制百三十年士之爭自濯磨者罔不奏名禮科矣惟爾慶邑自南渡以來前徽可溯由明逮今選舉絶少豈眞地運使然歟昔謂偏隅人材蔚起今胡爲而科第寥落人傑則地靈是所望於繼起者

志選舉

進士

孝廉取士自漢有之進士設科則昉於隋慶邑編小分治以後第春官膺薦舉者代有其人明之中葉始無闕焉

國初獲雋一人又不多覯乾隆己丑姚子中書粱以優選簽名雁塔姚子華以辛卯舉孝廉不得謂邑莒小邦無與會盟也爾多士其共勉之

宋

天聖二年甲子科 宋郊榜

吳毅 官至太子贊善改殿中丞有傳

景祐元年甲戌科 張唐卿榜

吳轂 豫州知府特授守秘丞有傳

熙寧三年庚戌科 葉祖洽榜

吳　植長輿肇有傳

熙寧六年癸丑科余中榜

吳　翊乾州通判有傳　　吳　畀潭州教授有傳

熙寧九年丙辰科徐鐸榜

吳　肅官待制學士贈少卿改名伯舉有傳

大觀庚辰科

劉知新狀元及第仕綿州知州有傳

政和二年壬辰科莫儔榜

吳彥申秀州司理參軍有傳　　吳　逵東平州知州

吳　兢（本府通判入祀有傳）　吳　樞（嘉興知縣入祀有傳）

紹興二十四年甲戌科（張孝祥榜）

陳嘉猷（由神童科官禮部尚書有傳）

隆興元年癸未科（木待問榜）

胡　紘（官吏部侍郎有傳）

嘉泰二年壬戌科（傅行簡榜）

吳懿德（官廣州通判有傳）

嘉定元年戊辰科（鄭自誠榜）

王應麟（給事中有傳）

嘉定七年甲戌科袁甫榜

吳　湛戶部侍郎有傳

嘉定十三年庚辰科劉渭榜

吳人可潮州總幹

寶慶二年丙戌科王會龍榜

吳巳之知撫州府有傳

嘉熙二年戊戌科周坦榜

吳　椅韶州知州有傳

寶祐四年丙辰科文天祥榜

吴松龍 松溪縣尉有傳

明

永樂十三年乙未科 陳循榜

鮑畢 西隅人南京禮部主事有傳

嘉靖八年己丑科 羅洪先榜

胡倖 行人有傳

國朝

乾隆三十四年己丑科 陳初哲榜

姚梁 後田人中式二十名 曾內閣中書

舉人

明

永樂三年乙酉科

姚　琪 上舍人衛輝府通判有傳

永樂九年辛卯科

吳仲信 上管人泉州府通判有傳

永樂十二年甲午科

葉　祥 西隅人有傳　　鮑　畢 西隅人乙未科進士

永樂十八年庚子科

趙　樞南門人雅州學正有傳　吳仲賢三[illegible]濠村人有傳

永樂二十一年癸卯科

吳　源安溪人雅安府經歷

正統六年辛酉科

鄭　熊

成化辛卯科

吳　譽安溪人建寧訓導有傳

弘治八年乙卯科

吳　潭下管人常德府經歷改安吉縣通判有傳

嘉靖七年戊子科

胡　傳 廣西儀衛司籍己丑科進士

隆慶丁卯科

姚　英 後田人廣州府同知

萬歷九年壬午科

姚文燭 後田人順慶同知有傳

國朝

順治丁酉科

葉上選 後田人順天中式第三十三名會稽教諭

乾隆乙酉科

姚　梁 順天中式第三名己丑進士

乾隆辛卯科

姚　華 後田人

徵辟

元

吳　平 上管人授松溪尉轉浦城尉 楊世[illegible]知縣

姚　檠 邑主簿 葉山城北門人河南府尹

明

林存中 北坑人南雄府通判
葉仲貞 黔陽縣主簿
葉世卿 福清知縣一作仁卿
吳　達 上管人鎮江知縣
吳子榮
吳　鐵 上管人延平教授
吳子達
楊彥舉
陳禮宗
童德文 外童人楠孝豐縣丞
童義方 外童人
潘錦歷 下管人涿鹿四衛經歷
吳　河 下管人順慶府照磨
吳　滿 雲南烏撒軍民府照磨
吳仕安 下管人泉州通判
吳元輔
吳元益
吳　佳

姚仲剛　吳子昇西鄉人

葉得興東鄉人工科給事中　吳霖　以上俱人材

明經即貢生

選舉之下有明經者前代三途並用名雖不同

而其始進以正則一也我朝舉天下歲貢表又長

可少歟

明

洪武年

葉廷倫十三年以明經選清[illegible]知縣　吳道保

吳熊　崔中丹棱縣丞

吳琄大衡人山東監察御史有傳　吳佐大庾知縣

楊淦桂平知縣　潘鈞下管

周深州判官

永樂年

吳恭下管人刑部主事有傳　楊鉎

吳禮上管人撫州通判　吳坦

吳愈貴府推官　吳陳沅陵知縣

姚永誠後田人蘇州府衛經歷　姚永點後田人

吳大進　吳　輔貢縣訓導

葉　興北門人　季　朗西隅人鄱陽縣丞

成化年

吳汝楨　周宗林九都蓮塘人汀州知縣

夏道保　陳　洪

楊　善主簿　吳　潭下管人中弘治乙卯科舉人

吳　盛　葉惟智東隅人

周鳳岐　吳　洪撫州府經歷

陳　茂高明教諭　季　海西隅人

宏治年

吳文上海縣丞有傳　吳紀上管人恩選瑞金知縣

吳若上管人延平府經歷　陳道惠下管人恩選永[illegible]縣丞

吳泰閩縣主簿　吳鍋上管人

吳儒西隅人　吳贊[illegible]隅人連城知縣有傳

劉育　周鐸鄖西知縣

吳節西隅人新建縣丞有傳　吳瑜底墅人莆田縣丞

正德年

吳晏上管人東平州訓導　吳克禮西隅人有傳

周　鎮 河南布政司經歷　吳　信 三都中村人

葉　濬　季　茂 西隴人沙縣縣丞

吳　烈 貴州新添衛經歷

嘉靖年

吳　濤 浦城訓導　周　瑛 南城訓導

葉文彬 北門人盱眙主簿　周　塤 漳平教諭

吳　經 杭橋人宿州同知有傳　吳　宇 下莊人將樂知縣有傳

吳伯齡 西隅人汀州通判有傳　陳　森 黄塘訓導

金廷選 後田人　吳　翰 修仁知縣

葉廉　　葉寵廣西按察司經歷

夏懋山根人北流知縣　　吳大豪西關人建昌知縣

吳安下管人武進縣丞　　吳繼翔建昌主簿

葉春高州府通判　　吳伯儒西關人昌化知縣

周杲東鄉教諭　　葉文溥北門人崇府典儀徐州州判

陳璘下管人　　葉相北門人分儀訓導

周略園墩人鈞州同知有傳　　周相周墩人

陳祚下管人台州府教授

隆慶年

姚文銓後田人　吳比

周期科西隅人恩選　吳述下管人無錫縣丞有傳

吳蓋杭橋人光祿署丞

萬曆年

葉孔舒後田人元年恩選　葉治雨北門人

吳淵杭橋人　吳文瀚底墅人縣丞陞儀徵知縣

吳子謐上管人　季良璣西隅人

姚文溫後田人中壬午科舉人改名文熠

葉廷祥東隅人恩選元溪知縣有傳　吳文淑上管人延平府訓導

吴克源 鹿邑人豐城知縣　魏克潤 後田人永嘉訓導

葉應惠 東關人　季叔明 西隅人無錫縣丞有傳

吴世勲 西隅人恩選泰州府通判　魏克河 後田[illegible]

吴慶會 上管人恩選漢陽知縣有傳　周時佐 周墩人永豐教諭

周一桂 周墩人武義訓導　魏[illegible]洋 [illegible]人恩選高要訓導

吴宜 西隅人於潛訓導　吴廷叙 瀛上人常山訓導

吴溢 上管人仙居教諭　吴敦倫 下管人玉山教諭

葉三陽　謝益國 [illegible]人平陽訓導

吴芥 東隅人湖口教諭　葉應經 東隅人建寧府衛經歷

葉翀 後田人茶陵州州判

泰昌年

姚允元 上舍人恩選梓潼縣知縣

天啟年

吳光第 西隅人恩選安福縣丞　吳國紳 上管人京選訓導

葉崴章 後田人尤溪縣丞　周班祿 西隅人程鄉主簿

季騎芳 西隅人湖廣岳州衛經歷

崇正年

吳其昌 梧橋人恩選光澤縣丞　葉應遐 二年選拔貢

姚汝嘉後田人撫州府訓導　葉廷神東隅人

吳高薦東隅人太平訓導　吳延年西隅人興化訓導

吳一鸞　吳希點上管人惠來知縣

吳淑西隅人　吳行可西隅人建陽訓導

吳高撓東隅人十六年貢　葉初生北門人河南巡檢

國朝

順治年

吳鳳翔西隅人恩選新寧州知州有傳　吳自明下管人紹興府教授

吳逢昌杭橋人歸善知縣有傳　葉馨燃東隅人八年恩選岳陽知縣

吳貞明下管人吉安永豐縣丞　葉上選後田人恩貢中順天丁酉舉人

王錫偉竹口人仙居訓導　吳王眷下管人樂清訓導有傳

葉時秀恩選滕縣知縣　吳世臣下管人桐廬訓導

吳麗明下管人考授訓導　葉賡生北門人

康熙年

季時英西隅人恩選　陳箴下管人授訓導

葉穎然東隅人樂清訓導　吳美中西隅人考訓導

吳之麒上管人考授訓導　吳于泰上管人

吳運光下管人壬子浙江中式副榜　吳士賓

周亶明埜宅人十三年貢　季　灯西隅人

葉喬林上葉人戊午貢召考訓導　葉應松北門人

葉爾然東隅人三十三年援貢　胡嘉孝左溪人[illegible]援貢

季時亨字國昌黃壇人　吳　沖下管人

葉廷升恩選　吳於昊

吳　瑛竹口人恩貢考授州判　吳　鎬下管人援貢

吳　鏐下管人援貢　吳　構下管人孝豐教諭

吳君儀　葉　琏後田人

鮑知我西隅人　吳守一楊家淮人

余　勳後田人　　季　玗西隅人蘭溪訓導有傳

吳孚中慈溪訓導　　葉鳳彝

吳　鏜　　王時起東隅人

王之璡竹口人　　吳廷鍇

吳王春上管人　　吳秉鐔楊家莊人

吳　珩竹口人五十七年貢　　吳令泉上管人

葉以灘北門人　　周大訓埜塘人拔貢

吳如恒　　葉　藻

周　寧

雍正年

吳元瑨援貢　吳名正下管人

吳令德上管人　吳　爔下管人

陳于疇　余　棣後田人

乾隆年

姚必觀乙卯拔貢原任畢節縣知縣著有紫瀾文稿寸莛編詩集

季學洙西隅人丙辰歲貢　季斯斂西隅人丙辰貢

余　槐後田人戊午貢有傳　姚大霈後田人庚申貢壽昌訓導

周之冕後田人辛酉貢有傳　吳得謙竹口人辛酉拔貢選直隸州判

吳之熉 廊下人壬戌府學貢　吳　霦 下管人甲子貢

余　滏 後田人丙寅貢有傳　李鍾僑 西鄉人戊辰貢官寧海訓導有傳

周宗濂 埜宅人庚午恩貢　周德望 周墩人

吳　洸 下管人壬申恩貢　吳又瓶 梅橋人壬申貢授會稽訓導不仕

姚繼亮 後田人甲戌貢　葉來鼎 賢良人丙子貢

吳世名 上管人戊寅貢　姚　綵 後田人己卯優貢乙酉順天經魁己丑進士歷官內閣中書禮部主事刑部員外廣西陝西主考山東學政贛州知府山東兵備道江西廣西按察司現任河間府知府

姚居厚 上舍人庚辰貢有傳

吳三錫 上管人壬午恩貢　吳夢麟 後田人壬午貢

姚必彪後田人甲申貢　姚棨乙酉拔貢覺羅宗學教習泰順教諭

余漳後田人丙戌貢考授訓導　余鍇後田人戊子貢

季炳黄壇人廩貢現任西安訓導　姚重敏仁舍人庚寅貢

吳燦下管人壬辰恩貢　季天魁西隅人壬辰貢

吳元楝後田人甲午貢　葉英後田人丙申貢

姚濬後田人丁酉拔貢四庫館議敘分發江西候補布政司理問官建昌撫州吉安通判

楊樹朝竹口人戊戌貢　余應耀子後田人眞恩貢

吳于漣西隅人庚子貢　姚〻黄後田人壬寅貢

田聯潤竹口人甲辰貢　周宗宏埜宅人

李　蓍西隅人丙午恩貢　吳炳學杭橋人丙午貢

王紹會後田人戊申貢　姚漢楫後田人己酉拔貢

吳象豐上管人庚戌恩貢　范連相後田人庚戌貢

姚　蒸後田人壬子貢　葉向榮桃坑人甲寅貢

嘉慶年

吳公選水門人元年丙辰恩貢　姚　琴後田人丙辰貢

吳國華底墅人戊午恩貢　周翰才上圭人戊午貢

吳先經上管人庚申貢　姚滂登後田人辛酉拔貢

余　塏後田人辛酉選拔前貢提考壬戌歲貢

例貢監生援例附

明經之後有例貢其原豈出于漢如崔烈者無論已若張釋之黃霸其始納粟助邊其後治績昭著爲漢名卿安得以貲進而少之

明

吳克義西隅人

葉　秀後田人

周　堂

吳叔京西隅人

周　奎

吳　怡西隅人無爲州吏目加捐州同

吳叔原西隅人山陽縣主簿

吳　儒下管人鴻臚寺序班有傳

吳　穆西隅人按察司經歷　吳承宣西隅人

葉芳嘉長蘆塩運司經歷　葉　銘後田人雲南都司正斷事

吳　倖下管人廣東瓊州府通判有傳　吳承教上管人廣東按察司知事

吳　伸下管人陜西苑馬寺開城監正　葉自立後田人天津右衛經歷

葉養洪西隅人將樂主簿　吳承堯上管人太倉州吏目

吳應求下管人　吳言偏西隅人壽州衛經歷

周　徹周墩人大寧都司經歷　吳逢[illegible]坑橋人宜興縣丞

吳　化下管人　葉三陽

吳　曉杭橋人　葉自嘉後田人

吳絢 杭橋人鴻臚寺序班　姚夢熊 後田人
吳南明 下管人黄田縣丞有傳　吳[illegible]朝 下管人
吳鳳起 西隅人順昌縣丞　葉[illegible] 後田人[illegible]遂
葉自超 後田人　葉春舒 後田人懷仁典史
吳之麟 下管人　葉斐然 東隅人
周京典 周墩人　姚振先 上碁人
吳榮烈 底墅人　吳文澣 底墅人

國朝

季嫜 西隅人南寧府照磨有傳

姚　鏘後田人瑞安教諭隨征閩臺以軍功擢瑞金知縣

姚必勝後田人附貢　王朝燦根竹山人

季　模黃壇人附貢　季　燻黃壇人附貢

姚　洙後田人附貢　姚　涵後田人

監生

國朝

吳銓臣考授州同　葉時郎

吳若儀　姚　軾後田人考授州同

季鍾聲西隅人附監　吳　啟

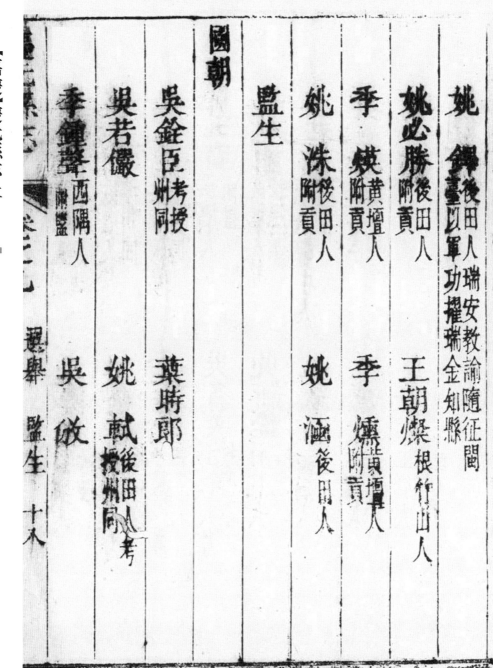

吳松年 下管人　季鍾澤 西隅人 附監
姚輸 後田人考授州同　何金鼎 張地人考授縣丞
吳思源 際村人考授州同　吳登源 [illegible]人考
何玉瑞 張地人 附監　吳名英 下管人考授縣丞
吳煥祖 黃坑人考授縣丞　吳新銓 竹口人
周廷顯 仙庄人考授縣丞　吳繼昌 西隅人
吳臻 竹口人 附監　吳德璜 下管人 附監
楊鰲　吳安衆 上管人 附監
陳廷獻 黃泥墭人 附監

援例

明

吳邦夔　吳[illegible]西鄉人

吳[illegible]　[illegible]人[illegible]　練[illegible]

吳[illegible]堂　周德[illegible]

姚佩　吳舟和鎮江衛[illegible]

吳廷棋上管人池州知事　吳文[illegible][illegible]人[illegible]州[illegible]歷

姚世衛松門人　姚守謙

姚啟善後田人寧鄉縣主簿　姚[illegible]謨

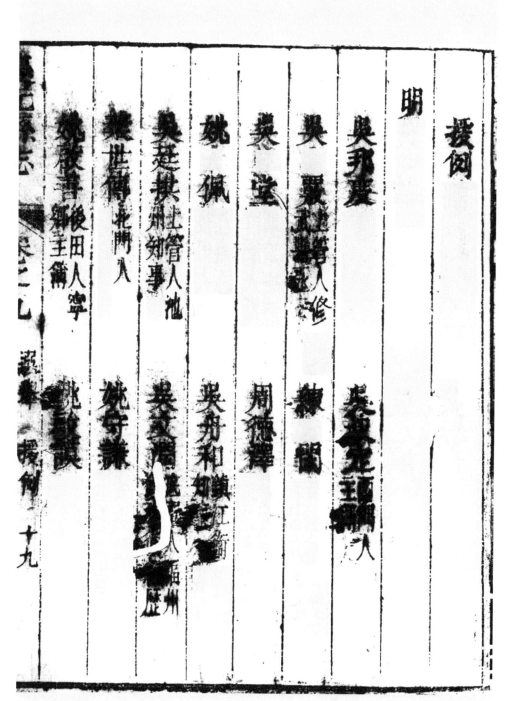

葉舜襄　　李時林

張孔正　　吴思謨上管人吉安典史

葉　忠東鄉縣丞　　吴思謙上管人鎮江府照磨

姚大齡後田人靖江縣丞　　吴起英下管人瞿塘衛參軍

吴登名西隅人斯明府經歷　　倪養謙賢良人城都府親軍經歷

楊應元八都人縣丞　　吴起鳳下管人肇慶府照磨

吴思讓　　姚守善上倉人經歷

葉初華　　吴　澳

吴思訓　　葉春奇

姚國琍 上舍人鎮江衛經歷　　葉成章 後田人

葉常秀 水門外人照磨　　吳登朝

葉長芳 水門人　　葉自章 後田人

葉自舉 後田人授同官典史　　周良銘 西隅人典史

周郁 周墩人徐州衛經歷　　陳拱暘 東隅人陝西行都司經歷

吳衍慶 上管人湖廣光化典史　　周郭 周墩人

吳逢熙 杭橋人　　葉春茂 後村人大理府經歷

趙應宣 西隅人　　吳登嘉 西隅人

周特惠 周墩人　　吳承明 西隅人

葉春先後田人湘陰陰縣丞　葉春美後田人鄧州吏目陞太原衛經歷

葉春葵後田人普安衛經歷　葉應瑶西隅人河南唐府經歷

吳鼎鉅下管人從化縣巡司　吳宏沅西隅人溫州府[illegible]大使

姚運泰後田人　周言揚西隅人

吳邦允杭橋人　吳道誥後街人

葉常修水門外人　鮑顯奇上際人

姚一麟上舍人授經歷　周攀龍後田人

吳泰階西隅人潼關經歷　姚家棟後田人南雄保昌縣丞

吳晉侯下管人　吳榮先下管人

周調鼎　劉大用周墩人

吳仲春底壟人歸化巡檢

國朝

吳𣟗莊上管人海豐典史　吳一椿底壟人

吳上桂底壟人　趙文泮

姚玉珣上倉人　陳孝先上倉人

潘世珍　吳顯爵後田人

季學鼎　葉國鎮後田人

姚又虞　許景源北門人

周宗紳 埜宅人　吳啓燦 江根人

周秉烈 上倉人　葉祖蔭 後田人

武職

聽鼓鞞而思將帥之臣歌大風而懷猛士之守豈不以赳赳武夫爲有國干城之寄哉人生在世既不能遊心藝苑亦當奮志疆埸如能榮親蔭後卽謂之無負此生也可

元

粟國英 北門人義兵萬戶有傳　姚桂 處州管守禦萬戶

葉德善 北門人處州衛千戶　姚坤 平陽樂中所千戶

葉德新 義兵萬戶　姚彥安 義兵千戶有傳

姚堤 陽和衛副千戶　吳琚 上管人本府衛鎮撫

吳繼延 西隅人指揮　吳公轍 上管人指揮

明

楊昌 竹口人撫按千總　周仲連 蓬塘人處州千總

國朝

李茂 處協標下千總駐防本縣　吳爾[illegible] 參將鎮守陝西鳳平關

吳陳仁 陳村人延平副將　吳提瑜 陳村人汀州守備

吳詔勳有傳　葉伏祖北門人衢州都司

吳壽男上管人有傳　吳新明後田人義兵附貢守常山

吳肅常陳村人處鎮標下外委駐本縣　吳文鎰西隅人義兵千戶陣亡

吳三祝西隅人常山遊擊　吳千尋西隅人劄付同知

王殿桂竹口人興化守備　王奇郎上源人汀州守備

李國齊黃壇人浦城千總

貤封

宋

吳崇聰以子穀贈大理寺評事

吳敷 以子[illegible]贈承事郎

吳[illegible] 以子[illegible]贈[illegible]大夫左

吳[illegible] 以子[illegible]贈[illegible]

吳[illegible]雄 以子[illegible]贈[illegible]郎

吳朗 以子巳之贈承事郎

吳[illegible] 以子季賢敘封[illegible]忠郎

明

周大澄 以子鎮封河南布政司經歷

夏淮 以子懋封南京留守司經歷

葉　瑈　以子自直封徵仕郎

國朝

姚　軾　以曾孫梁贈通議大夫江西按察使司按察使

姚大雍　以孫梁誥贈通議大夫江西按察使司按察使內閣中書

姚如聘　以子梁誥贈通議大夫江西按察使司按察使

恩蔭

宋

吳世美　以父畀授相仕郎

吳孝立　以父翊蔭歷官海鹽縣事

吳彥璐以舅李承授盧城尉

吳象以外祖奉奏補將仕郎

明

姚桂襲父彥安蔭授千戶

葉貴襲父得新蔭授萬戶

國朝

吳顯宗以父詔功殉難蔭衛千總

吳嬰捷以父壽男殉難蔭衛千總

吳鳴謙以祖詔功蔭授千總

慶元縣志　卷之六

吳何慶以祖壽男蔭授千總

耆介

鄉飲之禮自古有之即淛中諸郡邑亦多舉行
慶雖僻處山陬代不乏人當斯士者既以禮教
爲崇亦當列以風世但舊志散失無從徵信今
就其有可考者核而載之俾爲耆者知自勵云

國朝

康熙年

吳汝康酉隅人

吳溫玉

吳榮好二都人
吳榮德際下人
葉應亮染庶坑人
周永春池湖人
葉日明賢良人
吳自遜底墅人
葉春標東隅人
葉喬秀東隅人介賓
吳元徵竹口人

吳榮本三唯人
吳成[illegible]車根人
吳[illegible]車根人
葉自龍賢良人
吳一樟底墅人
吳元吉底墅人介賓
吳元奎底墅人
吳世哲後田人介賓有傳
周文孟竹口人介賓

雍正年

葉伯楠賢良人　葉華吉賢良人

葉一舉賢良人　周良翰後田人介賓

周來鳳後田人　周有尚後田人

乾隆年

吳維翰城內人　吳玉眷上管人介賓

吳上位底墅人監生　吳金發杭橋人

吳象九上管人　吳玉桂上管人

季學康西關人介賓有傳　吳廷舉西關人

周大陵埜宅人　練國紀楊橋人

練國化楊橋人　胡嘉熊左溪人

季上璧黄壇人介賓慷慨好施樂善不倦歲饑首倡排難鄉里德之

吴象豫上管人篤德恭儉　吴居洲下管人醇厚足式

吴星海黄皮人　葉世亮賢良人持身謹厚

吴肅容隆村人端凝持己　姚伯耀五際下人樂善好義

范義蓋大岩人德懋鄉鄰目見五世　季天倫[illegible]人

吴運六底墅人忠厚傳家鄉黨楷模　黄高會黄壇人

舊志凡年代失考者兼錄于後

葉鈍北門人　葉儼北門人見人物孝友門

吳海上管人　吳顯上管人

吳佛匡上管人　葉黼北門人

葉九成北門人介賓　吳道成上管人貳[illegible]

葉珠北門人　吳守達上管人

胡懷鵬左溪人　葉尚北門人

吳邦慶高住人　葉秉剛北門人

張世翰二都黃沙人　吳自麗高住人

張維康二都黃沙人　胡文秀左溪人

葉尚海北門人　練明嘉楊橋人
葉尚時北門人　胡自品左溪人
練繼恩楊橋人　葉永化北門人
練繼偉楊橋人　練繼佐楊橋人
洸恩任上洸人　吳承玘二都人
吳榮義底壟人　吳文海底壟人
吳文溢底壟人　吳文煥底壟人
王繼滔竹口人　王繼沂竹口人
劉搶備三都岩坑人　姚文宇後田人介賓

吳抱初大濟人介賓　吳珏運大濟人

劉士蒙蛤湖人　吳亮弟淤下人

吳自賢底壟人介賓　姚元舉後田人

吳廷嚴大濟人介賓　吳自鼎底壟人

姚新伯後田人　練明鐘楊橋人

老人附

嘉慶元年

皇恩奉部文准給頂帶附錄如左

吳邦勳字林孫有傳　眞偉鑑西關人八品頂帶

季天倫見耆介　姚新國後田人

慶元縣志卷之十

知慶元縣事關學傅惠重修

人物志

理學　忠節　名鄉　清正　文學
仕績　孝友　篤行　尚義　善良
隱逸　僑寓　方技　閨操

名賢一鄉之典型四國之聞望係焉其間忠材碩彥經綸天地彪炳史册者實爲氣運所開下此而一行之善一節之奇山僻中亦自有人雖功業未著於旂常芳聲早傳於閭里亦有足法者宜紀載覽者幸勿

謂古今人竟殊不相及也志人物

理學

按宋史創道學傳前此未有也邑中宗洙泗紹

洛閩者得二人特先表之欲其別於各傳云爾

宋

吳庸少穎慧博涉經史當鄙章句學以道統爲任登熙

寧丙辰進士賜名伯舉初任江州右司理累遷中書

舍人知制誥龍圖閣待制學士贈少師著作甚富有

明性集發微正論爲士林宗鏡

王應麟字伯厚父撝嘉定癸未進士嶽州知府弟應鳳中宏詞科以兄爲師有經濟才公秉性剛正有古大臣風登嘉定戊辰進士開慶間充讀卷官至第七卷頓首曰是卷古誼若龜鑑忠肝如鐵石臣敢以得人賀遂擢第一乃文天祥也尋轉給事中忤旨遂挂冠歸設帳講學執經雲集著玉海集四書論語攷異困學紀聞小學紺珠深寧集王尚書遺稿及三字經地理考等書行世後學得其指歸

忠節

精忠亮節世難多見茲無論在朝在野苟其佐治扶危英靈不朽百代瞻仰者悉爲傳之俾頑廉懦立有所興起焉

宋

吳競字寅仲弱冠登政和壬辰進士宰會昌建炎丁未潰兵楊勍自浙東入境殺二尉民遭殺掠官兵莫制競挺身直抵賊營諭以忠義賊以刃挾之競厲聲曰吾頸可斷吾身不屈賊感悟即以所掠子女遺競給還民間隨聽招撫宣諭使劉大中奏競忠勇擢處州

府判民感其德祀鄉賢

吳樞字時發幼穎奇無嬰兒態長登政和壬辰進士充直忠勇以節槩自許靖康初募有能使金者樞毅然請往至金惟長揖不拜正色厲辭金人燒鼎欲烹之樞愈不屈金人壯之遣還適巨寇葉儂作亂樞往招撫儂聞樞名釋甲納降至今人頌不替祀鄉賢

元

葉國英至正間爲義兵萬戶與子德善相繼克復温州收青田山寇吳清因以功授處州千戶

姚彥安元末爲義兵千戶處州守鎮賀元帥占據城池彥安領鄉兵同大兵攻拔之陞處州守禦萬戶洪武元年起集山寨頭目授平陽左衞副千戶五年從征沒于陣蔭其子桂授千戶

明

吳南明字君治崇正間任湖廣黃岡丞時流賊數十萬所過郡縣缺令人勸之去明曰吾職雖卑忠義則一遂率兵民固守月餘糧盡城陷被執不屈賊怒割其鼻并兩耳愈不屈截其左手血鬭死地賊退半日復

甦歸家二年卒入忠義祠祀享

國朝

吳詔功康熙十三年耿逆作亂兵陷慶元從吳陳仁起義兵殉難死後優恤其家蔭子顯宗授千總裔孫鳴豫乾隆六十年奉

詔蔭襲

吳壽男康熙十四年耿逆背叛兵陷城從吳陳仁起義兵死于難優恤其家子嬰提蔭授千總裔孫何厚乾隆六十年奉

韶舊襲

名卿

名者實之賓卿而曰名其發越有盛焉者矣後之留心致澤者尚其行義達道尊讓美乎前賢

宋

陳嘉猷字猷可生三日即能言家缺炊猷指叔處假之坐以告叔叔以為誑往視果語叔曰叔假我米異日以俸倍償衆大奇之為兒戲嘗置杌几上坐之見叔至跳而下叔曰三跳跳落地猷應聲曰一飛飛上天

其穎悟多類是數歲日誦千言登紹興神童科累官
至禮部尚書公忠耿介有經濟大畧朝紳重之
胡紘少警悟篤學家貧無置書錢有販者求售讀遍還
之即不忘由監生登教官科宰邑有聲擢監察御史
累遷至吏部侍郎出爲廣東經畧使所至有能聲
吳淇嘉定甲戌進士累官戶部侍郎時相欲以淇兼監
察御史淇謂臺諫出宰相擬非盛朝事即謁告出知
南劍州

明

吳瑨端直果毅器度閎遠擢山東監察御史厲清操肅
風紀聲著臺端

清正

人性皆同而沉潛高明尚待於克濟之不濁擢
之益堅者世有幾人哉明乎分定之說而後士
之不染一塵不黍一見者乃界而區別焉噫亦
難矣

吳昇熙寧癸丑進士教授夾州學士翁彥深知其名謂
之日以先生學問操行令稱上流經不大用宜居太

學之選以範多士寔爲遠慮湘湖哉畀笑曰吾道其
事干求耶他日出一書示彥深曰吾欲以此書于丞
相范公也深怪其前後語不相符及私啟其書則以
大義責范公不能用正才以興起太平徒取法度錙
吏之語其清操如此

吳懿德字夏卿嘉泰二年進士英州教授知玉山縣改
知新會縣時邑民獷於訟瀕海多盜縣不能制懿德
至實心撫字民感盜靖邑例新令至有給由錢受訢
諜者有醋息錢一切罷去仕族之流寓與孱獨艱進

者務春貸以錢粟夏多疫癘和藥以施之廉介有聲遷廉州通判未任而卒卒前二日書於册曰平生薄宦身受凍餓一念不欺一介不取當祀晉則是吳隱之於縣東邑人以其廉介無媿遂合享焉崇祀新會鄉賢

明

吳仲信夙穎異邃貫經史永樂辛卯科鄉薦授泉州府判治尚寬大著有歸田稿李潮州有魯林載存之風

吳泰少勵清操亮直有風由歲貢授刑部主事以年老告休居鄉黨屏著望後學宗老

吳[illegible]字源潔簡重寡言宏治乙卯領北京鄉薦授常德
府通判直聲[illegible]有治績少在諸生中遇邏學山
廩膳之時有鄉人齎金輸稅過詠歸橋遺金於水其
人欲赴河死渾力阻之援之同歸揭橐以贈失金者
得不死論者謂其今人古心嘗有心病形甚羸忽途
遇一叟授以二丸旋失所在始知爲神禪服之愈仕
常德府同中貴監造藩王府餘金千數欲其隱諱不
從陳白於部其淸介如此
吳[illegible]字介卿性厚行端好讀書有大畧歷廣東瓊州府

擢移道判黎尚叛服不常倅爲之興學校敎婚喪禮
及壓帝館舫法黎咸悅歸版者三百餘峒瓊產甚富
尚苞苴倅早暮視天不敢一錢自欺民歌曰人道我
公清似水我道公清水不如時洗兵叛當道束手倅
曰此國扁也毅然請往平之解組後民懷其德猶鄰
寄國扁錄變詩歌於其家詳見黎虢經始傳

文學

文章者道德之餘今自仕宦七品以上有以著
作述者亦同編列傳其窮而在下文可華國學

可華身並載其書名卷牒工制義者亦間附焉

宋

吳轂天聖甲子進士性格簡重操守清正仕至大理寺評事以文章名世時人稱其稍天有手攀月窟才

吳轂景祐甲戌進士授濠州知府其才名與兄轂齊稱詩文行世雖殘縑剩幅一字千金時人以三難稱之

劉知新字元舉少穎敏淹貫經史遊太學有聲大觀初廷試第一知綿州政尚慈祥所著詩文多士奉爲軌範蔡翊曰讀元舉文如捧金盤田觸手盡難稱之寶

為時所重如此

吳彥申字聖時幼篤學日誦千言父相為長興宰卒於官申廬墓三年登政和壬辰進士人稱其學綜百氏文成一家詳見其甥李綱所撰墓誌文

吳巳之性敏慧倜儻宏博凡詩文詞賦咄嗟而辦登寶慶丙戌進士授杭州知府治理優裕每登吳山天竺諸勝吟咏竟日風流不減樂天

吳椿龍讀書多創解下筆自成韻語登寶祐丙辰文天祥榜進士授松陽縣尉雖居下職文章價重臺閣

明

姚琪敏警卓絕名流共推明初人文寥落琪獨銳志儒業遂以文章薦人登永樂乙酉科文風爲其首振

鮑昇少卽希古及長朗達有儁才永樂甲午鄉薦乙未第進士授禮部儀制司主事所著詩文標的當時

趙樞登永樂庚子科授四川雅州學正工於詩體格獨宗漢魏

吳仲賢居深山矯矯拔俗博該墳典著屬文詞豐敷而鏗鏘庚子科與趙樞同榜才名並擅當時

蔡祥永樂甲午科鄉薦學問淵博文詞典贍嘗講學石龍山下名士多出其門

吳譽穎識通達體器宏簡父源領癸卯鄉薦譽讀父書力銳思沉遂以儒雅名登成化辛卯科才華爛若披錦士林共法

吳述學景明八歲牧牛過里人陳龍峯先生講學處竊聽心喜遂向求學陳難之適有負木者至陳試以對云擔大木述應聲曰折高枝陳奇之遂授以學才思俊拔善棱練文義由歲薦授無錫丞陞廬州衛經歷

多政聲狀元孫經擧贈以詩有循政能齊卓擢文欲
追蘇之句所著有東軒集四卷存存集六卷
姚文焴字鳳竹童牙稱奇稍長高視逖聽居百丈山揣
摩舉子業三歷寒暑每臨文如萬斛珠泉滔滔不竭
萬歷壬午領北直鄉薦累官順慶府同知所著北遊
草文章正軌二集
國朝
季延字其人好讀書至老不倦邑令嚴公聘修前志所
著有四書本義周易傳義纂集詩[illegible]古文類選四

六類林古文摘金等書太史張石虹爲之序因貧不
能梓行督學使劉公以行潔文正表之
吳運光字暉吉博學多才善古風行文蘊藉有韓
潮蘇海之觀康熙丁未設帳於日港書院嘗訓侄子
清猷客遊濟川敘論相尋遂撤皋比而受學焉壬子
薦以額溢中副車邑令程公聘修縣志匯月告成乙
卯授建陽教諭轉政和縣丞子鏐鑰俱丁卯拔貢
季玗號璞菴讀書過目成誦教授生徒先論品質次取
文藝嘗自謂貧士無他可見能竭情造就即見德處

也以歲選授蘭溪訓導學課面評日久不輟解任後
蘭庠士子感其訓誨之勤猶致書思慕云
余勳字晟佐初結文社於石龍山寺邑侯李棻繡親自
督課屢拔前茅侯去後讀書於萬松菴吟風弄月積
成卷帖惜未梓行
吳曦初捐國學後恥不受折節讀書銳意進取既而食
餼登歲選康熙丁酉入鄉闈因制額限置落孫山同
考官李飛鯤深爲惋惜
姚大霦字惟能品諳端方器宇高爽好讀書善屬文屢

試不第二子七孫並擅才名由歲進任壽昌訓導簪纓之盛爲邑稱首後以孫梁貴贈奉政大夫按察使司按察使

周之冕字稚先姿性穎慧廣記博聞鄒公初建書院首延掌教蔣公黄公繼之俱加禮焉行文如輕車熟常謂人曰吾文無他奇聊收藥籠一用耳出其門者皆知名士所著有省愚集藏於家卒後督學于公召其子廩生世俊出所書經術道芬四字贈之

吳得訓字濟三號賓亭博極羣書志氣豪邁以拔貢考

授同知與青田韓錫祚相友善凡所歷山川風物皆有撰述居家搆別業于鏡水園延師課子弟里人咸取則焉

季鍾儁號習齋玗之次子也性沉靜不妄言笑專志經史及百家聲韻之學督學王公蘭生評其文曰細心審理浩氣行文故非常透闢直令千人坐廢貫識經授寧海縣訓導誠敬感人多方誘士卒於任所闔學賻之歸

吳機字上錫西隅人新寧知州吳鳳翔曾孫也博聞廣

見穎悟絶倫弱冠餼於庠督學彭公啟豐稱其書叅
之氣堪入大家堂奧惜乎享壽不永

姚長淳字敦龐號穉園邑庠生雄才高致磊落嶔奇所
著詩文受知於督學錢公退授生徒名震一時當貢
之年賫志以沒人咸惜之

姚蒸字國珍好學嗜古所製詩文積成卷軸而謙厚和
平尤無自滿之色士林以此多焉

仕績

凡有善必書況登仕籍者歟猷蹟可沒而不彰

乎甘棠去後之思尚留歌咏桑梓仕績允宜詳
載
宋
吳栢熙寧庚戌進士宰長興精慎勤恪政以慈和爲先
民歌曰召父杜母知何在今日復見長興宰嗣卒於
官民皆巷哭楊龜山先生有傳
吳樀嘉寧戊戌進士授韶州知州治尚寬簡民有抑不
伸者雖三尺童子皆得訴白久之訟息
明

胡倅少負大志從父遨遊入廣西儀衛司籍登嘉靖己丑進士授行人應對莊雅朝野著望

吳宇風韻標徹淵邃有識由恩貢授同安縣丞陞將樂知縣居官英毅宏達境內大治

周幹自舞象時聞名噪鄉邑及長英拔名流以明經授河南鈞州同知敬慎廉明凡有疑獄不決者片言可折吏民咸頌其神

吳慶會字泰遇少穎異十六廩於庠十九應萬歷丁酉選貢英資瀟灑筆力遒勁入北雍爲名流所推二試

北闈不第謁選授廣西平南令再補湖廣漢陽英明果斷有政聲以憂歸左遷潘理歸所著有四書義及岩居詩稿藏於家

季時芳少遊于常山進士詹萊祉先生之門天啓七年恩選任太康主簿與邑令許無奇詩文相得凡興利除害勸蒞逋糧諸巨務悉公籌畫無不曲當咸宜士民爲立德碑撫院樊廉其才可大用題陞岳州衛經歷以母老乞致歸

葉春字子仁稟孝友性多幹濟才幼從叔學叔故遊孤

撫育娶配雖堂弟無異嫡親及初丞新興有山民積逋以情感之即刻輸納無欠繼令吳川有海寇肆掠以理諭之即時解散地方以寧陞高州府判以母老陳情懇乞終養致仕

國朝

吳鳳翔字鳴陽謹訥寬和與物無競由恩貢授廣西新寧知州俗稱難治翔下車不事刑威崇尚德化翕然大治以親老未厝力乞休致

吳逢昌字起明由恩貢授廣東歸善知縣除常俸外不濫

民十錢鎖聲載道歸家日橐垂如洗矣居者無資黨族莫不憫其苦而高其節

吳王賓字天玉風度儁朗敏給多才由歲薦任樂清司訓坐氈雖冷文魄愈強課士之餘流覽雁宕龍湫諸勝其超奇曠逸之致悉遊於詩告休日多士攜觴以送家有園日日涉皆集故舊作文酒遊郡守長公裴德慕其名特以大賓席召之當湖陸清獻隴其題其像曰神清若鏡目慧多采渾秀鼎峯間奇學海筆揷千里玉積萬倍射策金門幾致淵騫雁宕龍湫時供

遊庠錦囊詩餉管城壘壘韻高一時流芳千載欲瞻典型於斯乎在為名儒所稱羨如此

姚大齡字延之仕南直常州府靖江縣丞廉平正直愛民如子致仕歸士民爭道餞之如失慈母焉

姚家棟字吉甫初任江西廣信府貴溪縣丞委署縣事復任廣東南雄府保昌縣丞歷有政績致仕歸于祖宗墳塋均獨力結砌豎立墳碑至今永垂不朽宗族以此多頌其功焉

葉上選號碧峰初讀書於六如禪堂得高賢指授刻苦

勵志博通經籍所製詩歌深得三百遺意由舉人任
會稽教諭加意作人一以蘇湖爲範登其門者有光
風霽月之想著有閩遊詩草傳于世後卒任所官棄
蕭然合庠賻之以歸

吳陳仁康熙十四年耿逆兵陷城倡起義兵力謀恢復
後以復城功授福建建平守備

孝友

周禮六行孝友爲先天地之經民之則也登仕
籍爲顯官其孝友間有可見至如韋居窮簷有

天性惇篤專以孝友著者列之斯篇以昭民行

明

楊泮字肇卿九都人幼喪父甫冠入庠事母竭力母病焚香祝天請以身代仍刲股療之母歿哀慟幾日不食晨昏二親墳土皆躬負廬墓三年母素畏雷每遇風雨往墳哀哭祀忠孝

葉儼字君思西隅人事親至孝父疾藥必躬進親歿家遭火衆競取財物儼獨跪柩側哀號過人泣曰財物任取幸爲我救存二柩衆憫之胥救獲存其子文彬

文溥皆明經祀忠孝

吳相字汝弼西隅人節母邱氏遺腹生相甫長克盡子道母故相年七十躬詣司府陳其事詔表其閭祀忠孝

季叔明字正吾好學爹才由明經任無錫縣丞以母吳氏年老告歸母年九十七寢膳不離晝愉自先母卒明年七十三哀傷絕食幾毀性當道旌其閭曰純孝孺慕子峙芳時英皆恩選後以蔚起是皆其純孝所感祀忠孝

吳儁字珍卿，序班鴻臚寺。聞父訃，哀慟欲絕，淚竭失明，以鬱疾卒於官。太倉王錫爵聞而哀之，作孝子録以表其墓。

國朝

季烽字襄昭，孝子叔明之孫也。由郡庠例貢，任南寧府照磨。事繼母先意承志，一飲一食不敢先。繼遇疾，衣不解帶五十餘年，孝敬如一。郡守周茂源、孫大儒嘉其孝友，四舉賓筵。至今百餘年，閒父老傳頌猶嘖嘖不置云。

蔡文華竹溪人親嘗病癰華自舐毒爲醫調治藥必先嘗衣不解帶籲天刲股以愈親病卒年九十餘子孫已五代矣

吳之翼國學生事母周氏年登九旬翼竭力奉養孺慕不改母病請以身代及卒身不履閫外食必侍櫬側[illegible]亘三年持素其行如此

篤行

士能篤志勵行矯矯自好始終不踰其節亟表[illegible][illegible]之以振世善俗其庶幾乎

明

吳文狷介有守授上海丞以節愛稱致政歸里有不給者輙周之壽七十終

吳節純謹雅重鄉閭其範擢新建丞月餘告致逍遥林泉人咸服其清高

吳贊字良弼朴簡端慤孝友丕著宰連城清介自矢歷官三載一錢不取謝政歸結廬龍山下二十年無私謁識者多之

吳伯齡字子仁性敏好學動必以禮正德間市失火齡

拾得金簪詰朝訪還其人通判江州有政聲及歸行
已端潔爲一邑表望
吳禮純恪寡言和而有介任宿州二年尋謝政養親以
孝聞宗族有貧者周之家居三紀不干有司爲鄉評
所重
國朝
余蓀字敷源歲貢生品詣端方事繼母以孝聞平居無
疾言遽色宏獎風流技若已有人有不及者以情恕
之矜慎自持始終一節邑令鄧觀重其人卒之日爲

文悼之日親奠焉其子鎮淵源家學敦睦開脩理
文廟以見義忘勞稱次子鎔學問淵邃耿介不阿亦
膺歲選
姚居厚字粹然歲貢生氣節傲兀不樂趨附終日危坐
無惰容喜誦周易至老不倦邑令羅岳珪兩以優行
舉薦壬午秋奉部文截取將選而卒
季學康郡庠生居家孝友不妄言笑好善樂施邑建角
門橋脩整 文廟皆首出重貲事兼總理分毫確當
邑令羅聘賓筵年七十撿各佃欠券燬之人稱長者

姚太岳郡廪生秉性端直有古儒風教授生徒至耄不倦一時名諸生多出其門下子必選中年雄於貲能以色養岳殁後捐已田四十把入報德堂備中元薦覲之需孫洙涵並貢生

田登邑庠生爲人循謹不事紛華鄰里貧乏者無不周恤且尊師重道義方訓子子璘潤明經紹志

姚又輝邑庠生謹慎持己不事干謁友愛弟姪人無間言且佐脩文廟城隍廟兩浙奕署勷力忘勞教諭丁葵以定力長才奬之

葉世美二都人秉性純樸兄弟友愛出繼伯嗣所承嗣
產不敢私諸巳有鄉人義之年二十九歲妻歿誓不
再娶嘉慶二十年子光岳白其事於院憲以持義可風
表之

尚義

博施濟衆聖猶難之而一鄉一邑災祲時有不
能無藉於補苴或輸粟或捐貲隨其大小皆稱
義舉策其名標其行當亦有關風而繼起者乎

明

葉仲儀西隅人正統庚申大饑儀詣闕輸粟一千五百石助賑詔旌義民戊辰又饑儀仍輸粟五百石詔賜冠帶授七品散官賜宴大官殿後建學偕弟仲玉姪汝寛助金三百兩祀忠義

吳彦恭六都芸洲人正統庚申同葉仲儀各輸粟一千五百石詔旌義民祀忠義

周公泰周墩人成化戊戌大祲納粟一千石賑饑有司詳其事詔旌其門祀忠義

吳克禮西隅人朴素自持正德時上粟例授冠帶捐金

二百兩磚砌縣道縣令陳澤旌其門曰尚義祀忠義

葉荷東隅人秉性渾厚尚義好施九都竹口街衢崩毀獨捐貲磚砌往來頌之祀忠義

吳叔寅慷慨樂施市失火拾得釵環次日訪還失主萬歷二年饑田租悉蠲不取祀忠義

吳沛公直好義時鹽商騰價害民沛毅然懇於省憲二歷寒暑勞苦弗恤多捐已橐及蒙院司批准包引納課鹽害始除祀忠義

吳道揆字汝濟下管人天性孝友尚義輕財嘉靖二十

五年造城奉文變賣慈照慈相伏虎三寺田充費撥納價四百餘兩田歸三寺萬歷元年捨田三十六畝入學道府旌其義一切賑饑濟貧建橋脩路口碑載道子儒倬伸皆居官有聞祀忠義三寺僧衆感恩每歲三元脩齋薦之

國朝

余槐字德三少好讀書工文藝屢受知於督學諸公爲明經領袖鄉令募建書院劃出白金五十兩爲諸生倡兼董其事遇歲饑煮粥賑濟活者甚衆子潼天性孝友疏財仗義與兄湛同爲知名士父殁後兄繼卒

撫二弟成立俱登庠乾隆甲辰奉文截取未任卒

善良

醇謹渾厚本於天性其人皆可以鎮頹風而砭末俗今擇其事之可傳者彙列於此以寓激勸微意

明

吳溥少業儒以古道自期有族姪遭橫受刑溥以白金一百五十兩子之姪廢業以償溥不受年七十親友有爲壽者溥曰吾少不顯揚老無樹德安敢言壽酬

朴謙厚其性然也捨田四十畝入勝因寺寺僧刻怡共甚爲

吳塤以孝友聞不爲利疚堂叔怡之嗣諸猶子爭立唯塤應承嗣姚氏亦欲子之塤曰古人遜國豈異人專堅遜不嗣姚氏分金三百兩并不受

季廷瑞字子祥西隅人資性明敏涉獵經史事母敬養脩至孝友感人里族皆爲之化

國朝

吳世哲字兆明介賓少失怙事母以孝性厭趨逐未嘗因利一字取憎戚朋和宗睦族有古儒風耿賦臨城

掠取財寶合邑驚惶逃竄哲自撰案讀書絃誦之聲
達於戶外賊聞之相戒勿入族賴以安賊平後邑令
梁允桓首舉賓筵時論榮之
余世球好善樂施周恤鄰里曾獨力重脩詠歸橋至各
道路凡有建修不惜重資康熙二十六年邑令梁聘
請賓筵子勳明經紀志
棐作遂北門人賦性忠厚志存周急雍正三年北門火
災遂亦被患族鄰有遭難者先給米穀并出白金按
戶分散後遷居東門閭里咸感其醇厚咸稱長者邑令

鄉儒訪聞贈以惠厚桑梓匾額

吳邦勳邑庠生仗義疏財修理道路多所倡修乾隆四十九年歲饑鄉民乏食散米一百餘石往龍南買穀以濟人佩其德嘉慶元年

覃恩賜八品頂帶

劉春華家貧好善至老不倦倡修梟橋及角山橋至今來往人咸德之

吳兆桂篤性友愛多樂義舉倡修梧桐嶺並建甘霖堂復捐租五十担爲茶水需往來稱義邑令龍贈以光

前裕後匾額子星海亦以孝友聞鄉里宜[illegible]

李上機貢壇人庠生好施予嘗捐田入神農社並竹溪文昌閣暨後嶺亭等處乾隆乙酉夏里族被火災戶給粟一斛所費[illegible]明年松溪李源村火齊給米戶亦如之

田聯沼竹口人[illegible]人樂善好施嘗捐棺板有死無所歸者受其[illegible]十七年邑令鄧觀以[illegible]表之

葉德賜提湖人[illegible]年饑[illegible]以自奉

朴謙厚其性慈也捨田四十畝入勝因寺寺僧如怡共薦焉

吳瑱以孝友聞不爲利疚堂叔怡之嗣諸猶子爭立唯瑱應承嫡姚氏亦欲子之瑱曰古人遜國豈與人爭堅遜不嗣姚氏分金三百兩并不受

季廷瑞字子祥西隅人資性明敏涉獵經史事母敬養倫至孝友感人里族皆爲之化

國朝

吳世哲字兆明介賓少失怙事母以孝性廉擅遂未嘗因利一字取憎戚朋和宗族有古儒風耿賊陷城

掠取財貨合邑驚惶逃竄哲自捐橐賞書招諭之聲
達於戶外賊聞之相戒勿入族賴以安賊平後邑令
梁允植首舉賓筵時論榮之
余世琛好善樂施周恤鄉里曾獨力重修詠歸橋至各
道路凡有建修不惜重資康熙二十八年邑令梁聘
請賓筵子黎明經紹志
葉作遴北門人賦性忠厚志存周急雍正三年北門火
災遴亦被患族鄰有遭難者先給米穀并出白金救
戶分散後遷居東門閭里咸其醇厚咸稱長者邑令

之衆賴以安史㚑授慶元[illegible]本[illegible]梅出[illegible]
博官平辭不[illegible]林奉
旨訪求賢士[illegible]者[illegible]不
祀扁所居曰公[illegible]不[illegible]
[illegible]
[illegible]
賢[illegible]日[illegible]天見王[illegible]君
真不[illegible]見也後從君[illegible]
明

葉溪字仲美少穎[illegible]史年十三即就學邑庠逾
年領鄉薦至辛酉試輒黜以制額限遂棄舉子業日
與其徒談道遨遊山水築室蓋山下著書[illegible]不談
世事年七十以壽終著有叢峰吟五卷

僑寓

某山某水[illegible]人旅客來自外[illegible]
焉者皆所在[illegible]古今惟視其人之可傳而
傳之非[illegible]

宋

王伋字肇卿一字孔彰原汴人其祖訥因譏王朴金鷄歷有差衆排之貶居江西贛州伋因鄉舉不第遂精管輅地理之學棄家浪遊見松源山水秀麗遂家焉祥符四年葬母舅劉氏於黄山下記曰魏溪坑口壁藁崗黄蛇捕鼠是真龍但看七寸安正穴四柱擊夫將相峯君問子孫官職任寅申巳亥產英雄大觀四年劉知新狀元及第乃其驗也伋爲人卜[illegible]光發福者甚多故人以地仙稱之卒後門人葉叔亮傳其所著心經篇問答語錄活人金鏡仁跋之曰先生遍經博物

無媿古人異乎太史公所謂陰陽之家者矣

明

周顒字仲昭山西澤州高平人永樂十八年由太學授慶元縣丞歷九載清勤謙讓卒於官父老感泣曰願爲百世父母遂葬於竹溪之源其子公榮因家焉

阮廷貴四川永州人正統間由太學授慶元縣丞歷任數載多惠政士民感之遂家焉

王功字武功仁和庠生清峻端雅通易書詩三經剖斷精微崇正間避亂至慶設帳講學名士多出其門其

子樞遂家焉

方技

乖弓和矢一技成名皆足千古邑中方技亦自有人若概以小道棄之則周禮考工可以廢矣

宋

嚴道者王彶門人得彶秘授精於地理他日嘗爲人點穴拔竹揷地比彶至抉土數寸正揷銅錢眼中葢彶預埋以試之也術亦神矣

國朝

陳于公洋里人少業儒過河墮水聞鬼呼曰良醫也遂扶以出後習醫凡生死壽夭一經切脈言無不驗有一產婦將分娩而氣絕公診之曰尚可生也命取黃土一塊攤臍上用銅盤盛水置耳邊細復敲盤不數刻而生人問其故公曰此婦下焦熱甚兒不敢下直上心頭抱母肝肺是以氣絕吾用黃土以清其火後以金水應之心清魂定兒下而母生矣康熙五十六年邑宰王開泰以翰林左遷頗知醫道誤自下藥病轉劇召公切脈公曰無能爲也夫人聞知脫簪珥以

求治公郄之曰病無生理何用此爲夫人曰然則如何公曰尚有七日可速料理諸務王聞之嘆曰眞良醫也雖京師醫院無此人也如期果終所著有傷寒辯論等書惜未刊行

葉兵名竹溪人傭隙而善談五行有一士人叩之曰家有孕婦弄璋耶弄瓦耶答曰也弄璋也弄瓦士人不解其故後孿生一男一女

吳之球上管人惠來知縣吳希點之孫也七歲能書揮毫落紙雲烟飛動至今如龍來鳳二橋扁額係夫人

廟聯對皆球手筆時稱爲字神童惜壽不永

姚祖讓郡廩生後田人耿介自持多積書以自娛其字法得顏之筋而隸草尤爲精妙一時學者宗之

吴象謙邑增生上管人稟性豪邁工八法得屋漏痕折釵股遺意

姚平後田人自號蘭亭居士專工大小楷書有魏晉人風格子琴貢生亦善書

閨操

劉向列女傳清風亮節所取固多其間如曹昭

蔡琰之徒世称才女向亦備載于傳不復分辨後世閨操一門專尚志節正易家人所謂利女貞也慶邑百餘年間韶年矢志皓首完貞與夫慷慨投繯從容絶粒者所在多有無論寒門世族採訪得實急予表彰且示勸云

元

葉德善妻鮑氏至正間善以仗義勲授處州千戶殁於官時鮑氏年十九歲無子誓不再醮勤紡績以養舅姑始終敬養家雖貧苦節愈堅至洪武三十

年邑耆老姚仲安詣闕上其事下有司覈實以聞

賜詔旌表

明

吳慶妻邱氏年十八夫亡哀慟欲絶數日不進泣舅

姑以遺孕爲重諭之乃强而起有豪勢聞其色謀

娶之邱斷髮自誓豪計寢由是獨臥一樓不履閾

外敬事舅姑無怠志年八十終嘉靖二十年縣令

陳澤給文付其子吳相赴闕上其事奉詔旌表

姚信妻吳氏年十九歲信亡無子家甚貧氏勤女工

以自給誓不改節勵冰霜壽至九十九卒

葉宏妻余氏年十九夫死遺孕數月堅志守節雖饘粥不給終身無憂色年八十五卒縣令陳文靜旌其門

姚賢妻吳氏年二十夫死貧苦自守始終無二志年九十卒縣令彭适旌其門曰貞節

吳塤妻李氏年二十三寡以栢舟自誓撫諸孤辟纑佐讀有和丸畫荻之風戊子水災一鄉漂沒獨其夫柩無恙人以爲節孝所感子世銓世勳仕廉州

通判孫鳳起鳳翔人文輩出餘慶昌隆

國學吳化妻葉氏性沉默端重好讀書尤喜誦讀列女傳至節義處輒三復不置年十五適吳夫肄業南雍時值姑病躬調湯藥兆夫歸得延歲葬乃畢暮祈天願以身代夫病革囑曰吾死後汝擇適毋自苦氏泣曰是何言哉設不幸當以死殉及夫歿哀慟躃踊遂絕食七日一慟嘔血而殞時年三十縣令以其事聞詔旌完節坊在下管

國朝

龔氏貞女龔姑許配下管吳良彩未合巹彩已死時
姑年十六赴吳喪哀毁成禮遂堅志守節父欲奪
其志女引力自刺血濺閫𨓜舅姑知其志堅乃立
嗣子家貧如洗饘粥不給日勤紡織市資以食
舅姑年七十餘步不出閫邑令鄭公驗其骨按圖
驗其齒完固益敬禮之一日謂諸孫曰昔良人死
吾非獨生敢當時以死從死誰則以生撫生吾故
以心許死者以身撫生者六十餘年孝養備盡若
輩俱幸成立今而後可以見良人於地下矣言訖

整衣端坐而逝遠近聞者皆賞酒葬之御史楊旬

瑛題其門曰貞心壽世詳見流香集

吳德芳妻楊氏年二十四歲夫死堅守冰霜紡績自

給事姑至孝姑病篤氏告天請代割股療之邑令

詳其事各憲旌其節孝司風焉子吳勗有才名

葉廷蓮妻吳氏年十九適葉甫一載蓮卒以堅志操守

四歲遺孤生承祧撫養成立孀居六十餘年不[illegible]

外戶屢膺憲獎年八十八卒為堪輿所惑停柩門

壞生夢母囑曰吾居水宅盍亟移即改塟九都之

後憂曰吾今得所矣汝勿憂其精爽不泯如此

吳廷馨妻葉氏烈婦年二十一夫死守節奉祖姑時山賊竊發祖姑令葉避泣曰八十祖姑病篤豈有孫媳遠去之理乎第吳氏一塊肉不可蹈於不測隨將幼兒寄外祖家賊至葉被執見其色欲犯之葉嚙血噴賊賊怒劈其頭顱罵不絕聲而死知縣鄭國任旌其門曰節烈凜全已上載程志

生員周良一妻吳氏烈婦康熙甲寅閩逆陷城氏命子三錫從吳陳伯起義兵苑之氏泣曰與死於難

吾不死必辱遂投繯死賊兵至見氏二目怒張皷

懼卻走

吳氏貞女淑姬三都陳村人延平都司吳陳仁之女

許配生員葉艮英為妻未婚英卒女時年十九赴

葬治喪破面截髮以死自誓撫姪承祧守節不貳

雍正八年知縣徐義麟詳請

旌表

生員吳熀妻曾氏年二十五歲夫亡堅守冰霜誓不

再醮雍正七年知縣李廷宋詳請

旌表

生員吳公望妻周氏鸞姑年十七歲于歸之夕夫郎

中風死氏守節繼超爲子殷勤顧復家甚貧勤紡

績以資讀超得遊庠氏年至八十終知縣徐義麟

撥負郭官田一十六畝零畀其孫永奉祭祀復請

旌表媳李氏甫生子而超亡同姑守節知縣徐又以同

心完節表其門

夏崧生妻周氏年十九歲夫亡節勵冰霜誓不再嫁

事姑撫幼慈孝克全守節四十二年壽六十一終

李大孫妻吳氏烈婦年二十四歲因村人出言調戲
羞忿自縊知縣王恒以其事聞奉
旨建坊
吳茂旋妻葉氏烈婦年二十九歲因夫故後被夫兄
逼嫁不從捐軀明志縣令王恒以其事聞賜
旌表
周宗壽妻楊氏乾隆二年于歸六年夫故氏年二十
一歲堅志守節至五十五年其子廩生周漣以母
事實禀縣令張玉田詳請

旌表現年八十二歲

以上自元及　國朝已奉題旌者謹核載一十九人

其餘俱照鄉族公結按畨編次至現存者亦附於

各畨之末

廩生眞金和妻謝氏年二十八歲夫死守節壽七十

八終康熙二十年知縣李裵繡給以貞潔映玉匾

額

吳伯遠妻眞氏年二十二歲守節康熙五十四年縣

令李以節孝維風表之卒年八十有八子丹桂娶

李氏二十五歲丹故守節乾隆七年縣令鄒以歲
寒冰霜旌之年七十八終
庠生季學濂妻吳氏年三十四歲夫死撫姪守節行
不出閫孝事公姑和睦妯娌年六十九卒
周賃爵妻吳氏年二十四歲守節壽終八十六歲
張希相妻吳氏孝豐縣教諭吳柟之女也素性嫻淑
年二十八歲夫死足不踰閾家無次丁訓子成人
七十四而卒
庠生吳定國妻季氏年二十八歲守節七十一終

庠生姚垂邠妻吳氏年二十五歲守節卒年六十一

庠生姚又彩妻周氏年二十一歲守節督學王以貞

由天授表之現年八十一

葉維城妻俞氏年二十八歲守節現年六十六

姚玉璿繼室蔡氏年十七歲守節奉　學憲賞給以

志潔氷壺匾額現年六十

吳僂璞妻姚氏年二十歲夫亡守志遺腹生子繼先

現守三十一載

以上城內

姚漢棠妻吳氏年二十三歲守節撫成二子壽六十終邑令郭以矢志氷霜表之

吳華齡妻王氏年二十一歲夫亡子方週歲堅志守節誓不再適撫子成立不履戶外雖親族罕見其面卒年八十三

葉醇英妻季氏年二十七歲夫死守節

胡庫玉妻黄氏烈婦以疫氣盛行連喪父母蹇及夫主氏内無伯叔外無兄弟又貧無以塟悲哭萬狀忽有金桂素性横暴艷色强娶捺氏上轎氏閉門

堅拒桂復擔門而入氏知不脫遂以剪刺喉而死
因無親族遂寢未報厥後金桂竟以他事發配山
東
庠生余錞妻吳氏年二十八歲守節撫姪承祧苦
自持壽七十三終守節四十餘年如一日焉
姚隆先妻吳氏年二十九歲守節卒年六十五
庠生吳汝植妻吳氏年二十七歲守節學憲王給以
松貞石介匾額現年七十有六
增廣生余濆妻吳氏秉性淑慎濆故有孫孫氏顧天

願以身代尋卒子于三歲氏矢志栢舟撫孤守節事姑劉以孝聞訓子銑不肖姑息人謂其於慈孝之道兩有得焉嘉慶丁巳教諭[illegible]觀獄申其事於學使以清操潔守獎之

余讓妻吳氏年二十一適讓六載夫亡子週歲家貧幾無以自存氏毅然自矢泣告翁姑曰婦命不辰夫死子幼但分釜餕餘粒使婦得守志子得長成婦死可以見某於地下矣尋翁姑卒氏茹荼飲泣歷久彌堅乾隆丁未其姪塏白諸院憲朱以堅冰

遂志領給之子坦國學生

吳王鐘妻范氏年二十三歲守節現年五十九

吳王鎮妻周氏年二十四歲守節現年五十四

以上後田

吳象曦妻葉氏年二十六歲守節卒年六十六

以上一都上管

吳鏡妻夏氏年二十四歲守節卒年六十三

吳炎妻余氏貢生余椽之女孝廉教諭吳柟長媳性淑静識大義年二十六歲守節翁在任終氏變產偕二叔扶柩歸葬族里共稱其孝初承翁命仲季兩房各舉一子入繼氏撫之如一人無閒言知縣鄒以聞儀堪美表之壽九十卒

吳秉樂妻范氏年二十九歲守節壽至七十有三

吳居經妻黄氏年三十二歲夫死子方二週矢志守貞現年八十一

監生吳德麟妻何氏年二十七歲夫死守節現年七

十七

以上一都下管

吳可良妻劉氏年少守節康熙六年舉人葉上選里長葉允茂請表處州推官張見龍以懷蕎表範縣令李以勁節凌霜表之壽至九十卒

吳福基妻張氏少年守節康熙二十一年遊擊儲運延表以泚栢凌霜

吳榮達妻葉氏年二十八歲守節康熙二十五年縣令李文英以節茂松筠表之

吳榮御妻葉氏少年守節壽至八十終康熙五十五年縣令王以松筠勁節表之

陳朝忠妻葉氏年二十六歲守節縣令鄧以壽節雙美贈之

葉元朗妻項氏年二十八歲守節其子葉劉男娶妻吳氏年二十三歲男又亾故姑媳相依同心守節乾隆十四年縣令鄧以雙節冰操表之項卒年至九十吳年至八十

吳兆任妻葉氏年二十八歲夫同兄營運江右兄病

旅舍適山水暴發任守兒不去遂同被溺氏聞慟哭覓屍歸葬子僅數歲守節撫育壽年七十九歲目見五代乾隆五十五年縣令徐傳一以節孝流芳表之

吳允堪妻葉氏年二十七歲守節乾隆八年縣令蔣潤以栢舟繼美表之

陳仁顯妻周氏年二十六歲守節乾隆五十七年縣令張玉田以堅冰遂志表之

張啟瓊妻葉氏年二十六歲守節乾隆三十二年縣

令張儼以氷霜勁節表之

張從岳妻吳氏年二十九歲夫故僅育一子仁栢時家産微薄茹氷撫孤自勤紡績訓子成家晚年尉恤鄰里修嶺砌路年七十一終羣孫林立人咸以爲節義之報

陳從增妻吳氏年二十七歲守節乾隆十六年縣令鄧旌以壽節雙輝

練元客妻吳氏年二十歲守節卒年五十五歲縣令多以玉潔氷清表之

庠生練日珪妻吳氏年二十一歲守節六十八歲終知縣李以化石貞操表之

胡翔鸞妻魏氏夫死撫孤家貧苦守邑令參給以節操千秋匾額

胡從禎妻吳氏夫故青年守節四十餘年知縣王以節壽可嘉表之

毛添儒妻胡氏守節縣令李公給以冰操足式匾額

練日橚妻吳氏年二十歲夫死伯叔欲奪其志氏割耳截髮乃止守節四十年

葉永楠妻曾氏年二十八歲守節學憲賞以貞心古

松表之

林永太妻胡氏年二十八歲守節年七十一終

吳時亮妻林氏年少守節年七十四終

胡崇祺妻陳氏年二十六歲守節卒年六十有九

張啓蓀妻吳氏年二十四歲守節卒年七十有八

吳春鎰妻葉氏年二十六歲守節卒年六十有六

林春審妻陳氏年二十一歲守節卒年八十有一

毛太蘇妻吳氏年二十八歲守節卒年六十有六

吳象妻毛氏年二十八歲夫故矢志栢舟盟心黄鵠卒年七十有四

吳伯劍妻胡氏少年守節其子文欽娶范氏年二十七歲欽故一門雙節

練國璦妻周氏年二十七歲守節

吳恭妻李氏年二十七歲夫死堅志守節撫二孤成立孝事姑嫜和接娣姒里族稱之

練元斌妻葉氏年二十歲守節

庠生練日垣妻胡氏少年守節

吳世金妻蔡氏年二十九歲夫死家貧苦守孝姑睦
娌人無間言

練夢駒妻吳氏守節

練國瑞妻吳氏守節

吳榮業妻胡氏少年守節

胡元陞妻吳氏少年守節

練日恬妻胡氏夫故守節

吳大璟妻胡氏年二十七歲有五子夫亡苦志堅守
數十載如一日貞一之風洵足多焉

練日頗妻范氏夫故守節

練日逵妻張氏夫亾守節

胡增墳妻楊氏少年守節

練文韞妻胡氏夫故守節

練文賞妻葉氏夫故守節

吳元肇妻葉氏少年守節

吳上泰妻陳氏少年守節

庠生吳善應妻姚氏夫故守節

吳習孝妻范氏夫故守節

庠生吳運鯤妻陳氏夫亡守節

吳士盈妻陳氏年二十八歲守節朝夕勤苦撫子成

人子故復撫孫成立現年七十有八

吳明桂妻周氏年二十四歲守節現年七十有五

練世鯨妻周氏年二十四歲守節現年七十有四

練元湯妻吳氏年二十七歲守節現年七十有四

劉其言妻吳氏年二十三歲守節現年七十有二

吳明柏妻周氏年二十二歲守節現年七十有三

葉承楊妻張氏年二十六歲守節現年七十有二

葉元龍妻劉氏年二十三歲守節現年六十有八

以上二都

姚天璋妻吳氏年二十八歲夫死家貧守志苦節後卒年八十有二

吳立英妻蔡氏年二十八歲夫死守節其子德炳娶媳葉氏年二十五歲炳又亡姑媳苦守姑年至八旬媳年六十全卒邑令張以同心節操表之

吳肅冕妻姚氏年二十七歲夫亡無子矢志不二撫姪承繼卒年六十有七

姚國和妻周氏年二十四歲守節卒年七十有五
周如齡妻吳氏年二十六歲守節卒年六十有八
陳大妹妻吳氏年二十四歲守節現年六十有四
以上三都
庠生江占鰲妻吳氏年二十六歲守節孝事翁姑喪
葬盡禮卒年八十有六
以上四都
葉新勳妻葉氏年二十六歲守節卒年七十乾隆九
年邑令蔣昌松錫節操表之

以上五都

吳大週妻楊氏年二十四歲守節卒年七十有六

以上六都

何金燕妻吳氏年二十九歲守節乾隆九年邑令郭以節孝風勵表之卒年七十有二

庠生胡繼望妻姚氏年二十二歲夫故二子年幼苦守撫育成人年六十有七

何其坦妻胡氏年二十七歲夫故撫姪守節壽六十歲終

胡錦袍妻余氏年二十六歲夫故守節現年六十一

以上七都

吳則稷妻葉氏孝奉舅姑傳經祖母也年二十三歲守節壽六十三歲縣主鄒以苦節生輝表之

楊翰錦妻吳氏年二十九歲夫亡遺腹生子家貧守志靡他克孝撫子成立卒年六十有六

吳肇芹妻楊氏年二十四歲守節現年六十六歲

以上十八都

季長奎妻瑣氏年二十九歲守節壽至六十歲終焉

隆三十年縣主郭從善以節孝流芳表之

吳新機妻周氏年二十七歲夫故矢志靡他撫侄承繼邑令陳以瑶池冰雪表之卒年七十有三

季運龍妻葉氏年二十八歲夫死守節邑令張以節操堪風表之卒年八十有四

沈景璐妻葉氏年十九歲守節生一子甫過歲氏矢志冰霜孝敬翁姑撫子成立卒年九十有六

陳志鑽妻沈氏年二十六歲守節卒年六十有五

吳金齊妻林氏年二十四歲夫歿撫子及姪子又以

現年六十有二

肆田涵妻周氏年二十一歲夫亡現存守節

以上九都

王明學妻周氏年二十歲夫故生子之泰年二歲撫子成立娶媳李氏年二十七泰又亡姑媳同心守節康熙十七年邑令羅給以一如冰清康熙四十二年温處道憲佟以松栢雙清表之

王國彬妻周氏年少夫故撫子守節尤樂施予乾隆四十九年歲荒變産以賑鄉里耆老咸稱節義壽

年八十餘終

以上十一都

吳恒熙妻李氏年二十四歲夫亡守節善事翁姑和

睦妯娌罕出閨門不妄言笑年六十餘歲而卒

以上十二都

賢母

瑞金縣知縣姚鐸妻吳氏鐸故時二子熙軾姚轍俱

年幼母勤力訓子俱遊庠考授州同郡守孫大儒

給以共孟同心匾額

增生吳元觀妻季氏，勸夫納妾陳氏，生二子，夫旋亡。時季氏年二十八歲，陳氏年二十歲，同心撫孤成立。雍正四年，訓導許以陶孟遺風表之，目見五代。

余文贊妻胡氏，年二十九歲，夫故，子朱學滁年僅四齡，家世寒微，母勤紡績，撫子成立，遊庠食餼。乾隆七年，縣令鄭以風同晝荻表之。

庠生鮑晁妻吳氏，步執婦道，因有疾，力勸夫再娶吳氏，生二子而夫亡。吳氏年二十八歲，次吳氏年二十四歲，同心苦守，事姑以孝，撫二子曰啓、曰起俶

遊庠邑令鄒以晝荻遺徽鄧令以雙節並輝表之

吳紫豐妻黃氏年二十六歲夫亡子吳濟雲僅週歲氏矢志撫孤母兼父訓其子成立遊庠

姚華岳妻吳氏年二十六歲守節訓子讀書登庠邑令鄒以美媲和丸表之

姚世鐸妻吳氏年二十三歲夫亡子姚煒甫三歲家無產業栢舟自誓事姑訓子各盡其義子遊庠奉學憲賚給以孟母遺芳匾額

監生楊鰲妻陳氏年二十一夫逝養姑撫二子成立

長樹朝貢生次樹望庠生

楊珍商妻吳氏年二十四歲夫亾茹苦自守訓子樹

勳入泮

附監葉安樂妻姚氏年二十九歲夫死守節訓子入

泮乾隆四十六年督學王以晝荻清風表之

吳新楠妻季氏監生季鍾聲之女年二十四歲夫死

孝事翁姑教育二子煦健俱入庠邑令鄧以勁節

垂芳表之卒年七十有三

練紹周妻胡氏夫故守節

附監何玉瑞妻謝氏秉性端莊夙嫻閨訓年二十八
瑞亡謝矢志守貞誓不改適子集顯甫幼齡謝以
義方訓有聲邑庠卒年六十有二
何其楨妻湯氏性貞淑年二十三歲夫殁守志不移
現年六十有二
庠生季龍妻吳氏貞烈吳得訓女年二十八歲夫故
守節撫孤成立儒學贈以有此君操
庠生季士賢繼室吳氏年二十二歲夫故守志生子
逢丙尚未週月前子逢春年方四齡撫視如一昔

訓二子俱已入庠今守三十四載
以上謹續載一百二十八人

慶元縣志卷之十一

知慶元縣事關學優重修

雜事志

祥異　仙釋　寺觀　庵堂　叢記

八政九功前卷分識其大矣然春秋有災必書洪範休咎並列史家亦不廢災祥之説至若方外浮屠雖爲君子所擯而琳宫梵宇相沿已久不忍遽湮故與畸人奇蹟事堪考鑒者並附於末志雜事

祥異

邑志災異猶史書五行和氣致祥乖氣致異天人相應之機有較然不可誣者人能恐懼修省以回天變則大爲國徼小爲家兆悉可轉禍爲福悔无咎矣

明

永樂十四年秋七月大水

成化三年夏六月地震　秋八月大雨雹

嘉靖九年庚寅夏六月大霜殺禾

三十年丙辰白馬精見

精自政和來氣如硫黃中者即持仆婦人尤甚[illegible]

邑驚惶達旦後迎五顯神驅之旬日乃滅

萬曆二年甲戌地大震官舍民居傾頹

三年乙亥大饑

是歲五月民間絶糧野多餓死知縣沈維龍發倉

賑之民困始甦

冬十月八都雄雞變雌

十六年戊子夏四月朔大水

衝壞北城七十三丈民居漂沒人多溺死

國朝

順治五年戊子九月天晝晦不辨行人

冬十二月雩虎食人

六年己丑大饑

十二年乙未大饑

民多餓死知縣石聲垣先賑粥五日邑中樂施者

輪日煮粥於塔院

十七年庚子夏五月颶風發北壇樹大甚拔

十八年辛丑夏五月大水

冬十一月虎食人署縣事同知田蔡脩禳之去

康熙五年丙午秋九月地震

九年庚戌羣虎食人知縣程維伊禱於城隍廟虎遁跡

十年辛亥夏五月大旱青虫食苗知縣程維伊詳請蠲免事見蠲卹

二十五年丙寅夏四月朔大水衝塌西城數十丈

三十四年乙亥冬地震

三十六年丁丑饑
四十八年己丑夏五月大水
五十九年庚子夏五月大水
雍正二年甲辰夏五月大水
十年壬子夏六月禾生黑蝻
乾隆元年丙辰秋七月大水
三年戊午秋七月大旱青虫食苗
七年壬戌虎食人知縣鄒儒命射戶捕殺患始息
十三年戊辰夏四月大水

十八年癸酉大饑
十九年甲戌夏四月地震
二十一年丙子夏四月大水
二十五年庚辰夏五月大水
二十六年辛巳冬十一月羣虎食人署典史陳子佳
募强弩射之獲虎三
二十九年甲申春二月大氷雹
三十二年丁亥夏五月大水西關民屋沉溺
三十五年庚寅春正月丁酉彗星見戊戌火

延燒治前數十餘家狀元尚書兩坊並燬
二月大水
三十八年癸巳夏五月大水白馬卅崩
三十九年甲午冬雉飛自断其尾
四十五年庚子春三月大水　冬十一月大水
四十八年癸卯秋七月戊戌彗星見庚子火
延燒治前百餘家
四十九年甲辰大饑
五夏五月大水西關民屋沉溺

五十三年戊申夏四月大水

倉溪水從西城衝入轉北城衝出壞西城七十餘丈北城二十丈淹塌西北兩民居溺死者數人

六十年乙卯夏四月蓋竹山崩坍没普化寺於隔溪山下死者四人

嘉慶五年庚申羣虎食人

六年辛酉羣虎復食人　夏六月青虫食苗

仙釋

仙釋道空老君術幻其爲虛無寂滅一也惟是

流傳已久事非無稽驟以斥之恐滋駭俗姑存
之以備覽

五季

馬氏三女仙五季時華亭人也至德中父攜母盧氏
男一女三避亂盧氏有弟從焉次溫州父歿於羅
洋卽葬於其山服闋過青田縣十三都七里瀨次
女墮河水迅莫能救去之尼庵暱是一女母夢次
女曰母居此修出世法無庸也梧有山曰百丈盍
往結茅煉性但患饒志不堅耳母覺念次女已飛

蔓語可信遂同二女問道至百丈山見山多奇勝
歎異之遂誅茅結室爲修煉地居無幾忽失女從
空下母驚愕曰若墮河死矣何復活至此女曰兒
溺水至七里口攀楊枝抵岸得活覓食鸕鷀村有
盧翁慰兒曰若尚少無患失母姊盍留我家俟年
長爲吾兒婦得所矣兒勤紡績敬事而已庚申歲
饑出迺紡晡回途遇老翁授兒丸藥服之覺身輕
及渡翁以雨蓋置水上爲航載兒會有貨花藥姓
者訛爲異呼曰翁渡我不忘恩德遂同載亦得傳

仙術次年七夕見於屋後牛頭嶺白日翀舉母聞之喜甚女以丹寶茗甌奉母母未飲俄有雀遺矢中之女歎曰母無成道緣矣會歲旱三女喝鹽舅下山叅邑令預刻日時能致滂沱雨邑令詣山謝之及母死葬於山之西澗四面水繞老松倒垂如蓋有松溪邑令入山見三女色欲強娶之女詒曰汝能一晝夜從縣砌路達此山卽從汝令遣工砌之女見其路成遂白日飛昇去今巖上有剪刀鏡臺履跡石痕

吳士五名十七郎五代時仕周爲諫議大夫學異傳
幻術徙居松溪遂應塲既沒鄉人立祠禱求多應
至正間有賊犯境鄉人禱神兆吉率衆拒之賊見
兩山兵熾甚與戰靡大敗斬獲甚衆今遂應塲吳
姓即其後也詳見叢志

宋

黃十公下管黃埒人宋時樵於仙桃山見二叟對奕
取其餘桃啖之不知饑渴叟語曰此後毋食烟火
物及歸已春秋三度矣始知所遇者僊也惜未及

叩還丹訣復往來虎伍鳥啼花落而已呼之輒應

磐在百花巢上蹤跡甚著廬舍爲幾五十餘年

一日見馬鞍匍匐磐而坐公登覓目得鑿其識援以

罡訣後坐枕石上至今石上有鈴刃痕跡歲年龕

之輒應

梵公三都人宋時充縣隸因令尚酷刑公以慈貯恤

私縈杖上救活甚衆一日令見公技離地尺餘問

其故乃以實對大異之遂至松溪白鶴山修煉功

成頭冠石白回至三都烏蜂山飛昇去至今鄉人

禎應如響

明

葉有賜西關人精巫咸術時西關晨樵下有鬼洞自

日[illegible]以甘[illegible]之與遂

殃[illegible]病者[illegible]尸解

翁正五翁山村人[illegible]者[illegible]驅之人

輙愈初村[illegible]之甚復籍村農

患之謀[illegible]之去已而果然今其村

獨[illegible]五所驅云

國朝

達一字慶雲溫州人初掛錫於萬壽庵能修道行出衣鉢以募建寺宇後住持慈照改造正殿築牆垣乾隆庚辰倡建角門橋費以千計貫舉所入砌石除修造寺橋為工匠口食如是者數年一日沐浴整衣端坐而化邑人肖其像於橋左

元璧俗姓葉號[illegible]溫州人善詩文捨家披剃來萬田梵安古寺村人韓之曰此寺之荒廢久矣師將何為答曰吾意圖便常住持者即募貲以原址重為募建

未幾而寺復興門下披度者甚衆

寺觀庵堂

同爲釋老所棲而洞天福地名號不一如衲子提招羽士丹室咸參勝槩海而藏樓並費嘯咏因名考實似不可廢

寺

石龍寺　石龍山下熹乾符間邑人吳馬劉捨址建宋寳祐元年邑人吳濟造經藏一輪今廢明天順元年有火者盜鑰板投寺造鈔發覺自盡永之弗得因罪及有詔抄沒使者一夜夢神人指以火者屍處乃獲究殺名神力嘉靖三十七年邑人吳安慶募僧易名塔院教諭吳瑞有記順治十七

年重修乾隆三十四年僧普静募修詩見藝文

天錫寺縣東梁山下建自蕭梁元至元間僧至善重建詩見藝文今廢

普化寺三都蓋竹宋天聖三年建詩見藝文今廢

南山寺二都蛤湖

慶福寺五都金村唐乾符元年建明嘉靖十八年洪水漂沒僧元保於抝礁搆小剎居之

慈照寺五都魏溪唐乾符二年僧覺亞募建明正德二年僧惠袍重修乾隆甲申年僧廣灝重修詩見藝文

莊嚴寺六都蔡段唐中和二年建宋大觀三年僧子端造經藏一輪今廢明宣德九年建法堂景泰五年僧惠袍建鐘樓詩見藝文

真乘寺六都山根宋淳化二年夏聰建明宏治十一年僧順輔重修乾隆年間僧普靜復建西樓

薦福寺六都宋乾德二年建今廢

慈相寺七都中村唐元符三年建明正統十年僧宗成重修

淨居寺七都諸宮唐乾寧元年建明萬歷元年僧德詵重修詩見藝文

安禪寺八都橋頭唐光啓元年建明嘉靖四十二年僧福昕重修

法會寺八都梅木唐太和二年建明嘉靖二十三年僧福昕重募修嘉慶二年燬廢

淨心寺九都潘街唐乾符三年建明隆慶五年火萬歷元年僧安常募建

多福寺九都宋咸平七年建今廢

大覺寺十都鷲峯下宋咸平七年僧定吉建明天順二年僧誠盛修詩見藝文

勝因寺十都上際宋咸平三年建

化成寺十一都下際宋太平興國二年楊俊捨基僧智喜建明天順五年僧方渠重修

覺林寺十一都擢湖山宋太平興國元年建明成化三年僧廣愛重修詩見藝文

天真寺十二都栢渡關宋咸平七年建

梵安寺十二都蒿田宋咸平四年建後廢乾隆年間僧元璧重建詩見藝文

廣教寺十三都宋咸平間建今廢

觀

藁山觀今廢

庵

萬壽庵登山門外詩見藝文

楓林庵東關外雍正十一年僧實聞募建詩見藝文

準提庵東關外山下順治四年知縣李[illegible]建今廢詩見藝文

萬松庵縣南三十里康熙二十一年邑人余世珠僧鳴泉募建詩見藝文

雲泉庵上管詩見藝文

司理庵上管

勝億庵下管廻龍山年久傾圯嘉慶二年葉發良重建詩見藝文開墾田畝赴縣呈明充貢官税

道者庵二都

靜室庵三都周墩一在九都新窑

龍會庵二都橫坑康熙三十二年建

東陽庵二都

源脩庵二都順治十七年邑人王京維僧東榮建詩見藝文

慶雲庵二都廢址

復興庵二都

兩花庵二都明崇正間築一峯建詩見藝文

積慶庵二都萬里林頂今廢

福興庵一在二都黃沙康熙十四年一在西川康熙三十年建

烏石庵三都

百花庵三都祀黄十公歲旱祈雨立應山多花木奇巖峭壁相傳有神仙往來詩見藝文

伏虎庵三都伏虎山下元至元間建康熙七年僧法如重脩後廢乾隆間僧心燈重建庵前怪石古木秀色可飡又名雙溪庵詩見藝文

清隱庵四都宋祥符間建順治八年僧寂慧重建詩見藝文

龍濟庵四都詩見藝文

天堂庵五都明崇正七年僧成道建詩見藝文

百丈庵六都百丈山馬仙飛昇處順治十年火十六年僧體明重建乾隆五十八年張勝萬重脩並建觀音堂詩見藝文

普濟庵百丈山半嶺又名平坑庵後廢將庵租盡撥百丈庵詩見藝文一在角門嶺橋頭

山岡庵七都順治十五年僧勝白慧猛募建詩見藝文

福慶庵八都槎溪西山下康熙四十一年建嘉慶二年知縣[illegible]夔龍倡脩

慈容庵九都竹口蓬塘洲明崇正甲戌年僧海游崇創建詩見藝文

海會庵竹口水尾明崇正間建詩見藝文

青峯庵九都青峯山絕頂明天啓元年重建順治十八年僧正華脩詩見藝文

亭湖庵九都黃壇村神農廟後詩見藝文

盤石庵十一都詩見藝文

蘿庵十一都槐[illegible]

般若庵十一都

堂

雲鶴堂縣南來龍山舊名集善堂又名飲泉慶元延祐乙卯邑人姚濟入建明天啓三年僧曹珖重修崇正十四年僧統啟增外堂及西樓康熙五年僧永淑重修詩見藝文

六如堂東隅明正統元年葉德一建萬歷二年冬葉苛重脩詩見藝文

石獅堂上管詩見藝文

福興堂下管元至正元年潘元鼎建內供諸佛外祀土神盧大相公康熙十一年閤鄉重建乾隆

福善堂下管龍鳳十一年里人吳順卿建崇正年間吳廷殷脩詩見藝文

嘉慶十年增建詩見藝文

白蓮堂下管小濟龍鳳三年本里有女名日白蓮捐建因名又名報貲詩見藝文

净信堂二都周墩　詩見藝文

善慶堂四都明崇正年間江文補建　左爲馬仙宫右爲江氏祠

正信堂八都徑溪村康熙三十年建　嘉慶四年重修

福現堂十一都

正信堂十都

善應堂十六都

古佛堂十三都槐源村

勝明堂十六都

正應堂十二都

集善堂 十二都河源村

觀音堂 一在東鄉二十二都五大保，康熙二十五年葉元星等倡建，乾隆五十一年葉鍈艮重修；一在南鄉三十二都孤石坑，乾隆四十五年闔宗紳士募建；一在西鄉四都烏石橋頭；一在北鄉八都梅崗隘。皆置田產以爲往來茶火之需。

緣渡堂 二十二都，乾隆四十二年吳世吉仝子吳光霽建，并置租壹百把爲茶火需。

甘露堂 二十二都，乾隆四十七年吳光柱子星海偕建，并置租五十把爲茶火需，詳見藝文。

福慶堂 七都，呂建。

宮 附

壽星宮 在東門上倉，宋景定元年建，[illegible][illegible]過麗陽行宮，今廢。

北斗宫 二都

馬仙宫 下管明萬歷三年里人吳道撲等建

永安宫 二都

二仙宫 九都黄壇蜈龍山頂

殿附

上清殿 竹口邑人劉廷瑩捨址建

三元殿 在石龍山

陳春鄉社殿 九都崔家田

盤根祖殿 十二都山頭龔等村

叢記

宋淳熙間宛西源口有雄精溺水爲異啄于山巔遂

丈至今不毛止于大松松亦曲垂如鈎自侍郎胡紘生

遂歛然不發後紘讀書遊學有童子爲之挑燈負笈隨

與俱午紘入京師取應亦與俱焉及掌中銓持金酬之

某人曰某固非人乃公村前老雄所以不憚勞悴服事

公者非爲利也欲假公以遂封耳然詢其所欲答曰縣

東一百里赤岩之下有三井爲幽[illegible][illegible]流深不可測吾

欲此與雲雨以濟一方耳乃自其事於朝至今歲旱以

雞犬於茲之泉立湧出雨亦竟至人稱爲東溪老龍

縣西南八十里有張天樹見爲山最高處山巔有平地

十數畝平地中又起一小山山上有光數丈氣嘗蒸蒸

大雪不積地方官呵道過其地者率不利亦異事也

康熙十年歲饑二都人有至縣負米饋遺者早行欲抵

廟置米門外及出已爲人竊去遂投水死須臾雲起雷

大震一人跪死路前乃即竊米者

乾隆六年秋邑有虎患邑令鄭公詢於吏欲名獵者捕

之吏對以山深未易捕禱於神可袪也鄭公詢何神最

靈吏乃以土神吳三公對鄉人言□□□□又數告其神
是日安溪村吳氏婦果於屋後破柴無意殺一虎而害
頓息鄉人乃以殺虎瑞靈并書其由懸匾於廟以彰
乾隆七年知縣鄒丕僑建對峰書院傍有舊墓一塚碑
記明故南平尉張公之墓與周垣相逼欲改扦之因刈
棘剷揆文親告其墓扦於南山之陽及墓啟見誌石一
塊字多剝落難識惟最後四語猶尚可讀其文云東魯
闕音嗇香此轍南山可移吾域終吉公讀之不勝駭異
不特建造改葬一事已明言之并其姓氏及扦葬之地

皆明明指出凡事前定非人之所爲也文云吁嗟乎張清河之芳生於明代仕在閩疆何年羽化於茲兆藏人稱野塚墟比北邙歷數百年見者悲傷我念松源士氣弗揚欲磨頑鈍化作精良因謀郡會以資脩藏卜壟其基於茲允臧惟君兆宅適逼其旁人鬼混雜吉凶相妨君魂靡定我意彷徨爰卜佳辰丙午之剛爲求吉壤于南之岡酹以清酒侑以馨香潔牲三品哀詞數行敬告墓前君其來嘗嗚呼鴻鈞渺渺夫造茫茫何非天地到處安康君其達觀毋太拘方君其曠懷毋戀其鄉

慶元縣志卷之十二

知慶元縣事關學優重修

藝文志

記　序　傳　賦　碑
箴　詩　前志序錄附

詩以達意文以足言非苟爲炳炳烺烺務釆色誇聲音也凡山川橋梁學校祠宇詩以咏之文以紀之美斯愛愛斯傳矣其詩傳其文傳而其地其事亦與之俱傳孰謂文章小技可聽其散落乎慶邑藏書甚少前代遺編經先輩所刊錄者已剝蝕無存惟篇章出

自近代紀述存於邑志者尚有可考今擇其卓然可紀者附之剞劂以備觀風者採擇焉志藝文

記

建慶元縣經始記

知縣　富嘉謀

處統縣有六龍泉距處爲遠而鄉之松源又距龍泉爲綦遠地居浙東之極中高而下下流水四注而湍急其巉巖之峰谽谺之石屹立於甌南閩越之交嶺複而益峻道隘而益險有戶萬計願爲邑者有年矣其居幽遠足跡未嘗至縣有不得其所者令有所不聞凡豪民之

武斷賦役之不均訴訟之不平其能自辯於令之庭乎
慶元丁巳民以狀白府請以松源一鄉益以延慶鄉之
半聽置爲邑聞於郡刺史達於朝時冬官貳卿胡公紘
松源人也爲丞樞京祈公所推重首言建邑便祈公深
然之冬十一月詔可錫名慶元宜得才智士經始之乃
不以嘉謀無似俾之首膺其選丞相大書縣額以鎮茲
土給鑄縣印俾嘉謀躬佩而往越明年三月既望至是
領略山水宜爲治所者獨萬洋平曠而殊勝剏地擇厥
中鎮以龍山印以龜潭遂卜地於茲建縣治若道路館

春若庾廥囷不咸具丞廨在其東尉廨在其西縣學在
其北邑之内植坊一十七所乾之維則有社稷以春祈
秋報坤之維則有教場以閱武治兵乃廟司城於東乃
橋廣渡於西乃開山通道於福而行旅者得由坦道乃
闢地鑿崖於安溪而入邑者樂由其塗皆山經地志之
所未有聃松源之官賦積逋者一萬有奇嘉謀請於郡
太守趙公靡予其半益之故其成益速民亦樂輸而爭
先嘉謀非智創之才凡十有二月而徙今治方析邑命
下咸謂締創之事古人所難今儲材不素雖用民力懼

歷稔而無成時有木數千章在深山窮谷皆巨且良天久不雨一時暴流漲溢皆蔽溪順流而下亦異矣而又田穀屢豐田里熙然豈謭才所能集天實爲之也嘉泰元年十月旣望記

築慶元城記　　九江兵備　陳　桓

春秋凡城必書志譏也如城中邱城郛城楚邱之類是也然則楚令尹孫叔敖城沂非歟又曷爲與之以其不倰費不違時不專封故平板幹稱畚築程土物畧址基其餱糧度有司事三旬而成所以與之也慶雖小邑地

界閩浙之間爲盜賊出入之區其利害當東南之半平川陳先生甲辰蒞於茲乙巳春首剪剿魁再滅餘黨其慶一方得安先生曰賊平一時幸耳然匪城則衆罔與守非備則賊罔知懼盍城諸且士兵備之以爲久安之策乎邇聞諸當道報可以廢寺貿價售力爲之不逾年而成樓堞門鍵延袤相屬如鐵甕如金斗四隅矗然粉堞岌然煌煌哉百里之壯觀也夫用取諸廢寺則費勿僉力取諸售傭則時勿違謀協諸當道則封不專其在昔孫叔敖之邏賦在春秋當大書以予焉者也先生今

內召秉政有日將見以禮治天下辨尊卑明貴賤別等威以杜絶窺借設無形之險鞏宗社之基此又先生守城之大者今日之記豈徒哉嘉靖庚戌三月

重修儒學記

鄭師陳

國家法古圖治建學爲先以故天下郡國州縣莫不有學誠以學校爲陶鎔之地賢才之所由出也慶元隸浙東爲括蒼最爾之邑宋寧宗慶元三年始建學奉祀有廟講學有堂諸生齋舍會饌之所靡不具備正統丙辰秋邑侯鄭公昱判傳王公圖以聖賢塑像巳久重加藻

繪廻廊繚垣增以粉飾由是其功克全先宋令富嘉謀創於縣西之漬田上郁元季厄於兵燹尋知縣馮義復興舊址國初倂裁慶邑爲鎮隸龍泉迨十四年復縣治知縣董大本卜於就日門之東地勢平曠厥位面陽廟宇煥然一新矣然歷歲愈久不能無傾圮之虞宣德丙午冬知縣羅士勉教諭宋觀進繡衣王公郁爰始規圖命匠起造戟門闕兩廡櫺星暨坊門一皆鼎建越五年庚戌夏余來典茲邑教見文廟講堂諸生齋舍棟楹榱節俱已凋朽剝落隘而且陋非所以光樽俎而振文教

也於是謀諸大尹程公義和等議果合辭白轄丞三山
張公重加修葺復還舊觀嗚呼功之已成之必難蓋之
前古以至於今作者非一人述者非一手今日之所稱
乃繼前人所爲其所以繼今日而爲之者又有望於後
人繩繩相繼庶不負前朝崇祀之典與學育材之意也
時正統三年三月

詠歸橋記

慶元僻處萬山之中一水環注界乎縣治之北學宫之
南凡遊宦之車馬市民之攜挈行旅之擔荷越是溪者

惟筏竹代渡而已至於春夏漲浮奔流跳浪爭趨疾馳者有蹶踣傾覆之患黌宮師儒往來斯久其慮尤切天順庚辰秋欽差中貴臣羅公常謁學宮覩其溪阻謂衆曰水有橋梁民不患涉亦王政之一端況學宮間阻而勞師儒往來涉波乎遂捐貲掄材鳩工伐石邑之民士歡趨樂助經始於是年八月落成於十二月長跨若干步横架四十一間高結簷牙以蔽風雨所用繒帛以千計倚勢吞波鯨飛虹卧凡車馬之行攜挈之便擔荷之安無有蹶踣傾覆之患者皆公賜也師儒來遊來歌恍

若風乎舞雩之詠因題其橋曰詠歸慶元知縣張宣等來請曰昔汴州作東西水門而昌黎有記柳州作東亭而宗元有文今按節斯土橋梁既成頌公之德非文何以傳後乎予塞其請而記之使百世之下因其文而推其德莫不知公之所以利濟斯人者乎百世而未艾也

天順四年冬十一月庚子

竹口公館記

副使　夏浚

慶元素號難治多寇亂非其土使然無亦所以示之義以輯民者或未盡歟前此巡坑惟責之縣官兵憲副使

冲庵歐陽清乃采衆議使郡僚一人專領其事開署竹谿以蒞之蓋竹谿先慶元要害爲龍泉政松浦諸路之衝於此設官建治控禦聯屬閩易惡遷善之幾獲牙童牿之道也嘉靖乙巳春寇大猖獗知縣溥澤首倡義兵平之會浚奉命備兵浙東行部至郡澤以職事來見因謂之曰平寇非難必也使無寇乎澤對曰圖可牧者之志也遂壹白前議浚乃謀之分守少參葵峰黃公光昇請於代巡巍山高公懋檄同知文公章以往立保甲法脩武備懸軏物遂營竹谿以事上爲工既成爰記之以

終司牧之議

譙樓記

熊樾官

臘月二十四日晡漏五下方徹火起自西隅逼近縣廨之右予披衣起粟冠對火九頓并禱諸城隍之神而黙佑焉時西北風正熾揚燎沖舉不可撲滅時將延於譙樓樓側一民居忽號人毀之緣其家稱重屋而多藏勢難遽拆未畢數椽而火已及仰睇譙樓煙光輒起業已不可救止又稽顙重申前祝餞頃間風伯息威燧人息焰隱隱悠悠若明若滅直有欲燬不燬之意予因而喜

曰茲可以力救也遂懸賞格招市人開廨後之門汲水蓮池中且潑且撲不半餉而火燼樓完僅燬右方之一角民間焚炬亦此時報止予始拜手而退自謂人力當不至此必神幽贊我也閱數日虔脩祀以謝二廟之靈隨籌贖鍰簡執事鳩工庀材葺而新之幾一月而功成規制視昔益偉予曰噫嘻茲豈偶然事哉夫息熖於方熾而樓賴以全補綴於僅存而民得不困則神之福我與我之殫厥心者實兩無負也萬歷二十八年記

遷學記

按察使　何鏜

今天子嗣統改元令天下有司務飭厲賢才興鄉黨之
學浙在推行詔書德意於時浙東分守道參議寗公行
鄮過邑中謁見廟學僻境且廢喟然興嘆撤祀改圖議
植令彭君與碩君偕上議以爲建國君民育材先務亟
鄮縣邑厥有忠信往爲登科釋褐代著聞人今茲希濶
殊甚人文萃止宜於國中所宜遷建一也舊學復徙西
洞行往艱阻實生厭怠又宮墻茂草瞻仰淒落非所以
興起肅敬而使之樂學所宜遷建二也往昔樓廡且壞
所費不貲今積鏹併力穀植舊宮今充新葺又斲基勝

舍址不他資稍事裨補旬時可以底績所宜遷三也況卜地兆吉人心具從便否亨屯實惟其會所宜遷建四也愚誠以爲宜改建學宮於邑治東偏故總鋪地不給益以裁減邑丞宅舍又不給益以邑舍該地且免財故宮廢支稍費當不益損帑藏而閭閻召發咄嗟可辦官師學宇四方觀風宜無不可爲者書上僉分守孫公始下車輒可其議期即施行之而郡理杜公攝邑務在來覈田又時時推轂其事於是朱君蒞任即再上書願卒前議是學也南直巾峰北負五雷諸山泉流環迴抱

官墻而北注大川帶遶於後龜石砥於中旂龍潭滙於西麓巍巍洋洋誠風雨之交陰陽之所會也由是而人文肇起鄉黨彬彬多文學士異時騰茂實以樹勳名將與上國比隆實惟今日始基之矣隆慶三年記

槎溪橋記

兵部侍郎　鄭汝璧

慶括巖邑也地當閩浙之交而八都離城二十里水勢洄漩蓋水口所關爲邑孔道也舊有橋興壞不一正德間邑令何公鰲架木爲之至萬歷甲午蜃水大發橋壞無存春夏之交溪流迅駛蟄溺者衆往來病焉鄭公願

賻與歎以此舉爲不可緩乃捐俸首倡而鄉之士民咸樂助之壘石爲墩者五每墩高二丈濶半之覆屋三十七楹聳翼精密結構堅固民有攸濟矣橋成走使徵予爲記余曩遷官之閩道經松源見其山水明秀意必有異人出於其間及稽載籍在昔巾山獻瑞佳氣浮空君彩橋然以故狀元劉公知新尚書陳公嘉猷後先崛起炳然至今有聲邇年以來因橋壞風氣不聚人文寥寥有由然矣是橋之成水口有鍵多士生於其鄉足稱後雅又得公振作之豈無紹述之思繼二公而興起者乎

信有之則古云地靈人傑非虛語也公其大有造於慶哉

張大夫記

教諭 蔡文懋

張大夫治慶甫踰年擢守貞安去慶人聚族而祀事之屬記於文懋以懋知大夫深也懋聞古制凡有功於民者則祀之志報也大夫之廉之明之惠難以枚舉而要其至大者莫若爲慶鹽包引納課之一事蓋慶元僻處萬山舟楫不通凡商鹽到慶多以鄉壺價勝斂害民間且鹽擔散鹽戶逼取盈價致鹽戶典賣以償大夫自學

民艱親詣行臺陳弊願免官以除百姓害鹽臺司具請遂每歲按慶元三百七十五小引准納課銀四十一兩八錢二分永免商人買賣聽民從附近官鹽採買就食此法一行上不虧賦下不害民中不累商慶民不啻出湯火而登袵席此其功在蒼生誠沒世而難忘者也若夫罷里甲革火耗蠲贖鍰節財用直若慈母之於赤子寒而絮飢而哺蹶而持恩勤罔極以故民喜其來憂其去願借寇者以千百計臺司上其狀以格於新例不得請無何而直安之報至矣士民計不知所出走之

日深山遐陬靡不扶老攜幼遮泣跽轅下望翁之塋境內外在在張筵醵飲三叠白僕屨以至厥墓無不流涕父老有贈金佐道里費者大夫卻不受僅舉一觴亦嗚咽不能勝與當年劉龍事千載如一轍吁亦難矣哉於是鳩工飭材肖像樹碑葺牆垣飾堂宇而又爲之立祀筵以垂永久凡以報功報德於無盡匪直識去思而已也嗟嗟今之銅章墨綬稱長吏於一方者豈少哉有未必留去未必祀祀與其留者見在之民心也崇其祀者去後之民心也見在之人心易得而去後之人心難忘由

去後之人心以驗見在之人心而知其祀之也奚翅則其留之也非強大夫操何術而得此哉他年慶之人或苦於刑罰或迫於徵求泌且奉香泣愬於大夫之祠曰吾民也安得有如我公者而履覆之即後之笠慶者亦將曰前事之不忘後世之師也安得不以公之撫循者而撫循之然則是祠也豈直感將伏臘之祀哉殆將有望於後之紹美大夫者也大夫名學書字善政正字其號也廣西平樂人

百丈山記

教諭　蔡文懋

百丈山在慶元縣西北三十里五代時劉氏二女修煉於此丹成仙去邑人於其地立祠祀之壬寅夏予以禱雨往是日天朗氣清風光杳靄林木蕭森令人生秋思鳥道崎巇透迤不可方軌芟行約十里忽雲霧迷峰頂如垂黑幕須臾而雨滂沱下矣咸謂此處不陰則已陰則必雨雖晴日當空而片雲起風雨驟至以有龍棲故也又五里緣崖於上蹬道屢滑至百丈庵[illegible][illegible]男女進香者日以百計香烟迷霧金身為之暗黯不容開[illegible]於岩口道人引余觀二女墓墓在庵左由石磴百餘武即[illegible]

異岩見崕巒白霧彌漫連天一色若石有三狀如龜形有馬蹄剪刀履痕突起寸許真仙蹟也若外四山環抱中爲深壑奚止百丈有丈特約言之耳時霧收盡見木如飛濤爲瀧湫巖下有十三井今止見其三遇旱則龍優焉氣候常如深秋不知有暑踰左岡有捨身岩一石如砥方廣丈許厚不盈二尺突兀而出若斷橋然俯瞰益深峭可畏登之若凭虛御空設再搆一亭可容徙倚其遠眺更當何如語云山以仙名水以龍靈百丈兼有之矣歸來卑中暑氣侵人視昨入山迴若冬夏之隔雖

陰晴不同亦地使然也日晡抵署漫爲之記

鼎遷儒學記

胡若參

新建學宫於就日門外城隍廟左崇正四年十一月伊始也粤考慶志學始於宋慶元三年在縣北濆田上村迨洪武十四年遷縣東就日門外與今建地相去半里許天順間仍遷濆田後嘉靖初築邑城學隔城外二澗相阻有咏歸橋屢爲水决隆慶三年乃請移城内舊址麗水何公鏜記文甚悉迄今天子嗣統二年乙巳仲春予來署學不惟衙舍鞠爲茂草即聖宫明堂啟聖僅

存桯立余目擊心寒誰非名教中人奚忍令其荒凉至此乎越明年庚午秋閩連江陳公諱國璧新蒞茲土甫下車不勝嗟嘆不旬日即圖修葺因觀學址地勢卑下譙樓高壓居宅逼人兼以古墓叢林障蔽朝秀所以人文寥落青衿數不盈百堪輿之不靈可知矣遂遍擇佳址惟有城隍廟左四山層聳左右交峯插漢真泮宮佳地也與其因舊補葺而爲聊且之計何如更新遷建而垂一永賴之圖乎於是請於當道分守姚公諱允濟分巡王公諱廷梅巡撫陞公諱完學提督學政黃公諱鳴俊

庚[illegible]捐修經始幸闔邑士民協心矢力聚羣成義不辭道勞之築且任事一十六人吳廷殷周世紹熊德祥葉觀生吳汪吳道光吳道文吳邦允姚國彩姚從讀葉敬昌葉春色葉任生吳逢烈葉春郁陳光大等鳩材督工勤勞公務至壬申暮春告成

聖宮視舊殿高五尺餘周圍增三尺餘明堂之視舊制其增倍亦如之祀敬聖公於宮後列鄉賢名宦於儀門兩旁齋舍兩廡俱已成制樹櫺星三門設門屏於門外左坊題騰蛟右坊題起鳳蓋嚮方應有者俱依制創建

是役也以庚午仲秋建議辛未孟冬經營壬申孟夏告竣時庠生欣欣相與樂成徵記於余余思國家建學造士得才爲盛今皇上察倫敦化詔廸膠庠不啻諄懇匪者國步多艱所推轂折衝禦侮出將入相者誰非庠序中人昔孟子論士曰尚志論尚志曰仁義又曰士窮不失義達不離道士之所以爲士孰有踰於此者故建豎廟貌使先聖賢之威儀不替者父母也建豎仁義使先聖賢之名教不墜者諸生責也爾輩誠求所以無愧乎其志而於窮達也無隕穫無充詘則措之天下國家益

精明卓偉蔚然足以名世庶不失建學造士之盛心也

夫昔崇正壬申秋

重修城記

知縣　楊芝瑞

邑之有城以設險也慶僻萬山險矣奚又城之且慶爲括末邑括十屬不皆城而慶又奚爲獨城之以固險也余以庚辰歲杪來令茲邑詢三老得城之詳始築於嘉靖之二十五年備山寇也再修於嘉靖之四十一年復備山寇也嗚呼歲未一紀而大變兩作地其危哉至萬歷十六年水災曾公乘龍增築之及余受事時閱五十

餘年矣其傾圮而豕牢內外可比手相引也設險之謂何余心深危之以增高議小民且嘖嘖曰吾邑僻且瘠何土木之煩爲余力排衆口又獲幕廳鄭君決謀焉捐貲爲倡以答聖天子重守令煌煌四事之詔意是歲春舉工匠役不給遂延時及冬城僅竣事而偵者以嘉寧寺又以剏復石壁喜鵲棘蘭龜田烏石馬蹄六隘彼時山寇千餘報寺餱食於城者越朔望且身冒矢石斬馘百級幸瓦全無恙茲役也固社稷之靈然非城可恃乎慶爲龍泉前車矣於是慶之士民始慨然邀事合邑人

捐輸之約得四百五十金撻聞復於當事給庫銀三千金而竟城之工匠合計一萬七千十八工用大磚九萬六千有奇瓦倍於磚十之一至如炭鐵米竹類應百毛雜費餘金其增於舊城者樓五座女墻則以三尺益之東南則以三敵樓壯之四隅則以十二窩鋪周之日月則對峙辛巳夏月至壬午之冬暮終之大約費以千金爲概邑人之捐輸與取於庫者僅及其半耳自是雉堞一新稍有成備予之拮据雖未敢告勞結誌之以開後之君子同志者乘其未虧加葺焉不至如予之勤倍功半撫

於告成庶有當於先王設險之義云爾　崇正十六年記

六隘記　楊芝瑞

余不才庚辰蒞慶時兩雪邀林越兩學博登城北望京樓因詢利病兩學博以壽寧山冦爲慮東鄰壽寧惟石壁最峻舊有隘隘有基今廢矣余心識其言越辛巳元旦甫兩日遂躬履其地得故址焉鼎崇若天塹可萬人敵也搆數椽爲守者地不月而功告落復有憂者曰壽之至慶有兩徑石壁爲孔道喜鵲其南也備一未周如窺伺何余復爲之計爰議諭於邑人僅給其半余給其

半亦再月畢事其時與議者皆謂予勞民也且年來賊
果于羣至邑人相顧驚愕爭趨入城爲堅壁計余笑曰
兩隘之設政爲今日耳毋譁言其視予馬首所向後命
者有三尺在遂長驅至隘賊亦蟻聚隘下而我已據險
矣相持兩晝夜賊洶洶獮引而上斬其六級獲兩奸細
賊怯遂他徑去龍泉肆行焚掠居[illegible]殺傷[illegible]之人乃
懽呼於道以余築隘爲得計遂紛紛以隘請焉越壬午
春余徧歷四境見西與松溪比者棘關也命[illegible]承[illegible]董之
南接政和者鐵田也命余與吳文[illegible]督長[illegible]應[illegible]董之

城以西有烏石隘貲背出於余城以南生員吳世臣吳貞明吳康民吳運啓輩所創建者名馬蹄也今則外六隘內百雉雉嵬相顧邑之人心可恃以不恐余亦庶幾苛士無忝云

重建蘇蘭隘記

吏科都給事中　王益朋

順治辛卯余受知於龍泉徐使君泿列賢書明年冬仲應公招說劍幽丈從讀書暇欲泛觀鄰邑山水之槩於是攀援石龍百丈之奇見其山嶒嶸其石嶙峋三面壁立獨西北一線爲周行孔道然界連閩壤山賊時發竊

隆間縣令陳設隘於八都之棘藺嵩以控扼險要東制咽喉也嗣後歲久就圮崇正辛巳楊邑宰因其遺址曾復創焉冬杪劇賊張其卿等直抵隘下見其險阻有備倒戈而去至鼎革時此隘又蹋灰燼羣盜仍肆縱橫當其時往者來者商者賈者咸裹足不敢前竟視康衢爲畏途勢不得不借道於山徑然崎嶇嶮巇攀藤附木露宿風飡不勝其楚所謂不備不虞不可以處非歟茲予且月括蒼周公祖奉命督徵案節其地低回久之乃喟然曰斯隘也誠天造地設之險何殊趙之傃障鄭之虎

牢蜀之劒閣齊之陰平魏國之河山也苟善用險者當
使險在我不善用險者常使險在人若拜書之僻而無
以利於其地食君之祿而無以益於其民是具員也余
既涖刺茲郡常視十屬如一家而慶元今日之事莫有
急於此者其亟營之且戒毋取下徵於民務爲節已由
是刻日鳩工庀材始其事於本年七夕甃石爲門門上
架樓樓基壘石高三丈許東西闊六丈南北半之凡八
楹公又謂有門不可無守者地復創建房三十楹置弓
兵十有八名晝則伺偵夜則擊柝有警則益以精卒與

規模經畧視昔更精且詳迨今已匝歲矣不惟風[illegible]不敢窺且使居者得止其家行者樂出其塗賓旅通而冠蓋不絶則有識者又未嘗不頌其功之如此其美且大也時余告歸讀禮適有事於括蒼處士民謀記於余余不文姑述其始末云爾侯名茂源號循秉直華亭人順治己丑進士來守處州治尚廉平而養老造士尤諄諄云若督工者例得書書於碑之陰

復建詠歸橋序

楊之瑞

邑内多故守士者力竭催科即重務猶莫爲之應若夫

蹇蹇之患惟問諸水濱而已矚覽山川追維往蹟則如詠歸橋是也予莅慶兩載諸凡建隘修城借民財煩民力以仰副功令免予罪愆者雖昕夕經營予勞也乎哉民勞也方幸罷匏告竣差得吾民優游共適而鄰邑復有建橋之舉先是橋之興廢不一初創於元大德再造於明天順三造於嘉靖四造於萬歷屢造屢圮人皆曰波臣爲祟予曰非也人謀未盡乃欲分咎波臣極矣自今伊始於萬斯年維持鞏固往來行人不賦匏葉而賦周行則今所謂經營昕夕者民樂也乎哉予樂也苟利

㕍風氣聚於斯地脈厚於斯將使人文蔚起蟾宮唾天鈞西北。女媧煉石以補之茲邑虧西北楊君伯劍獨任闕莫坤維以挽天工豈曰小補云乎哉年伯曰諾是則僕榜閣意進遂書之石

楊公橋記

台州進士陳函輝

邑治之北距城百武而近者有水焉其西劍峯溪所納者嘉靖末為河伯所損迄萬歷初年歉歉之弗能甦垂六十年於茲無有繼者邑紳楊公爲孺子時目擊叩階力請後之公起謝曰諾之誠吾也但欲有繼意始

有標本方今寇警屢勤桑土之謀未備禦之計尚疎
矧遭此也姑俟之惟是專志殫力繕城池飭關隘練鄉
勇靖寇之餘仍築隄墾田修[illegible][illegible]獄[illegible]且經營茲事畢
舉慶之士民復叩階請曰衙公館建置咸具與[illegible]橋屬[illegible]
北孔道不可緩也且邇當衙門尤爲一邑風水所關顧
不可緩也願君侯圖之於轅簽書曰謂夫橋梁王政之
所有事也徒杠缺而國僑致譏州縣廢而單公以刺余
承乏茲土不亟思夫弭災備害一切利賴生民之急能
無內愧于心乎於是僉謀踏勘其[illegible]

學毅然引之爲己任更捐橐中俸金伍拾兩以爲之倡而邑之搢紳樂助者翕如也經始於癸未歲孟夏以是年秋仲告成中竪一亭閣東光分建兩橋架屋計十九間其長計二十四丈廣計二丈一尺棟宇莊嚴丹彩奐麗勢若長虹橫掛於絕壁危淵之間蓋自是而輿馬可通商旅可行變蹇蹶躓之患息矣而諸山拱揖百派匯聚與橋相望不絕甚盛舉也慶之士民讙呼載道咸謂斯橋也其湮滅於洪波荊棘中者已數十年而公乃披蓁莽構區畫鞭海石一旦而鼎新之其規模視昔尤巨

麗焉非其勇於仁急於義殫乃慮殺乃形其能成此大工耶是以感之也深慕之也切相與識公之功德於不朽遂額之曰楊公橋俾後之人顧名思義不且千萬年猶如見公乎

楊大夫記

倪元璐

古之循吏其肖像崇祀載在簡編中者不數數得也如羊叔子俎豆襄陽范文正公繪像三州張文定之平定西蜀寇盜歷之享祀荆南此則光史冊而嘖嘖於人口者也今於楊公復見之公出姑孰鼎族為先司馬如綸

賢冑孝廉兩台公則其令嗣也家學夙著代有顯人辛酉舉於鄉庚辰冬拜慶元令歷癸未秋擢武定邦伯公之惠政洽於慶民而慶民愛慕之也深不忍賢者之將去我也乃協謀建祠於西北郭尸之祝之廟貌之以昭盛德以識不忘祠成請記於予予考祭法有曰法施於民則祀以勞定國則祀能捍大災禦大患則祀凡此數者公奄有焉公初下車行城殷隍傾圮虧頹於是邀鄉士夫僉議遂鳩工庀材撤朽剔蝕計力程能竭慮以圖華國冒霜露暑雨戴星出入罔劬勤也越半歲而工竣

公又曰慶之四周悉與閩接不亟設險猶開門而揖盜也卽審要害創六隘以扼咽喉或峭依絕壁或深臨危澗所費不貲公捐俸以佐之則所謂以勞定國者非歟辛巳冬杪閩寇披猖攻掠鄰邑旋薄慶城公親督行伍擒殺之乃熄夫慶自嘉隆以來目不識兵者已百餘年一旦變生叵測乃卒談笑成功雖公胸裕甲兵亦繇闔疆講武訓練鄉勇其備之者素也則所謂捍大災禦大患者非歟此固其鉅者也至於課文藝以造士除蠹害以興民築坑整堤以利往來建補天閣以培地脈定條

絕以綏催科蠲火耗以節民財平稅畝而均差役皆其斑斑較著者所謂法施於民者又非歟大抵公之爲人慈厚鎮靜精勤敏練潔己愛民孜孜爲百姓根本計慮而是非毀譽皆有所不顧故治慶僅三匝歲舉百十年來廢墜之政旦暮而振刷之民咸頌曰國家三百年於茲我慶止覩此神君也余備員史館有年閱人多矣其果貞心實政視國事如家事者如公有幾則斯祠之建慶之士若民信乎有不容已者進之古昔不特與羊范諸君子遥相輝映卽公儀子產汲鄭諸大夫直可頡頏

也巳公諱芝之瑞肯堂其别號云初授慶元知縣陞武定知州崇正癸未記

重修文昌閣記

里人吳貞臣

康熙癸卯秋月辛酉有星光芒而白古者曰是宿爲鬣旁白爲除舊布新於占在天關位爲司祿據茲星祥厥應當在濟水以兆文昌之宫蠡絶欲更有事登稼乎是閣倡自别駕吳公建於明神宗間歷年旣久棟宇隳剥并所以揭虔妥靈迓神庥而徼景福也爰聚鄉之同志者闔議出貲由簍向豐於是板幹錐鑿不呼而具其閣

自甕至礎工企始創三之一爲閣前鑿地爲長池水影函天架石池中疏閣如虹新卑三十二楹中敞大門右爲大士居左爲魁公軒是役也癸卯冬始興甲辰春之花朝竣事堪輿者曰閣乘子龍面平午爲山川之氣融而攸産多秀惠蔚爲名士燈火連雉宛然鄒魯之鄉苟非是閣鎖鑰文昌靈祐何以遜乎此哉事有奇蹟有異不克記述者士之恥也爰僭筆誌其月日用告來者

城隍廟記

松陽進士　王汝梁

粤黄帝始城以居城隍之神自秦昉也後世遂有封號凡與王之地封以王郡州邑封以公侯子男以故遂得祀而徧天下者唯社稷與城隍爲然社祭土以句龍配稷祭穀以棄配其位皆不屋而壇非如城隍廟貌輝煌巍然當座句龍棄以功城隍亦以功其所以異者何也蓋陽明之屬恒與耳目相遭隂暗之屬恒與耳目相遠於是世有多詐之人欲暢爲惡既畏有常刑欲逃爲善又苦其非好也幸有所謂隂地爲暗地焉賴以遁其惡於不見不聞[illegible]其無所不至時矣豈知隂爲鬼或且

陰騭之暗爲奸或且暗譴之是王度王綱所不到之處
實藉城隍靈爽在焉城隍不怒而威不言而化使世人
良者多惡者少所以治世者無藉刑法而獲誠和柳子
厚所云陰翼王度暗助王綱是也慶之城隍先年建侯
董公大本建在東門外三百武古厲壇之右前面高山
後枕長河即今二賢祠東頖宫之西也廟貌存無幾二
百餘載棟宇頹墮風雨漂蝕鳥鼠竄處神人咸恫辛丑
高侯甫下車瞻謁時輙喟然嘆曰非神何以福斯民非
廟何以妥神靈越三年癸卯春乃鳩材伐石給其餼糧

量其工役其址縱四十丈橫半之周遭牆一百堵正廟築臺高三尺許縱四丈三尺橫五丈二尺楹三十四高三丈二尺六寸後庭一十一楹規制如之儀門楹十二大門六楹左右百務纂之兩廊舍五間合三十六楹每間可十笏廟中大龕坐神金相左右列吏判案牘筆硯印匣斗大儀與縣治同制峻起軒翔豐甍楹繪其上大殊舊構舉不涉歲厥功落成餘且慮永事又置賣餘貿田三雙招必生慈聽三僧食其租又旦暮燈香神道設教俟之意宣深且遠也邑父老齊幣遥樓曰誦述其事

乞余言以勒侯功夫侯之美政不可枚舉今此一端豈足以光榮於侯而猶叅余言之意蓋春秋之文義將書與大書或不一書而繫者別爲侯既新其廟以妥神靈陰翼王度暗助王綱俾與句龍並重配不祧與世無窮即此一端亦足以記侯之功矣侯關中寶雞人姓高諱嶙號陟雲以經行名當稱爲古誼循良君子也問董是役者誰曰邑弟子員七人余曰是必錢中之錚錚者也

修造縣治儀門記

知縣　程維伊

古設官分職以治事內置省部寺監外列百司庶府其
公廨私衙廣狹大小各有其制
上甲辰春三月余奉璽書來宰松源下車之日居於城
南廨陰民舍詰朝邑紳衿父老進謁於縣治瞥目頹圮
過半復咨衙舍父老告曰先是丁亥廢於兵燹今棘
荒址而已余仰而嘆俯而思縣令建者三歲一更近者
一二歲再更凡事雖有宜作者少遲日月當即去何必
跂作顧余嘗讀古傳記白樂天自幼迨老若白屋若朱
門凡所止雖二日三日輒覆簣土為臺聚石為山環水為

鴻其皆猶如此况余來之[illegible]一日二日

已[illegible]而

非體教鄉事之宜修舉于二三[illegible]可慶也辦於閒

暇是之於是命日者度材[illegible]徙府藏錦操

餘者式歆登臺未[illegible]而[illegible]曰大堂曰兩廊曰豐樂

危[illegible]壁如破牢[illegible]而新之曰後堂[illegible]所

廊曰賓館曰士[illegible]然新構而加於舊

制凡五十四楹[illegible]因乎舊而制則視昔有差

曰堂曰堂[illegible]曰[illegible]曰門曰[illegible]

書房曰爨房曰[illegible]房曰阜埒華布黛瑱豹之綵之[illegible]然

路觀凡百六十八楹[illegible]以周垣甃以堅城木斵而不丹

墻圬而不白工[illegible]更勤晨昏展力越明年乙巳四月落

成是日也[illegible]遙[illegible]夫[illegible]漢卿雲萬丈北之錦

峯也俯首[illegible]州[illegible]攬[illegible]西之龍山也紅雲罩樹曼倩

目送東之[illegible]雲錦簇空仙子七襄南之霞帔也琴

聲既歇[illegible]光民未安思所以安之民之所欲

思所以[illegible]之民之所惡思所以去之且思學漢古之[illegible]

吏鑄頑[illegible]首是徒用土木之變亦何所取

焉余之心力如斯而已若夫先天下之憂而憂後天下之樂而樂以俟之樂只君子則余豈敢又聞趙月政関無事於是乎書

重建竹溪公館記　　　　緇雲進士　鄭惟麟

慶城以北四十五里古鄉日竹溪郎今之竹口為通閩之岐摩肩一巨鎮也歷爵縣凡三千士既硫瘠民亦凋瘵明初巡玩惟責之縣令尋兵憲副使歐陽公清乃采衆議使聽條一人專領其事開署竹溪以涖之嘉竹溪尤慶要害為龍泉政松浦諸路之衝於此控禦聯

屬固獲牙童牿之道也嘉靖乙巳春寇大猖獗邑侯陳
公澤帥義勇平之會以職事罷見兵備夏公浚遂白前
議乃謀之分守少參黄公光昇請於代巡龐公懋檄同
知文公章以往立保甲法修武備懸耗物遂暨竹溪公
館以事上焉迨
清順治丙申冬緣林竊發很掠竹溪公館民舍盡燬於
火男女剩命鹿奔露處莽薪中七閱星霜宵泣鬼駭丼
得神君出宰烏能斷害牽利爲羣黎福歲運甲辰楚黄
程侯蒞慶識在日上才挾風先悉心撫字德化淳深且

[illegible]一旬以[illegible]人千之間[illegible]符
自行[illegible]者
[illegible]其[illegible]甚之人士[illegible]且舞謳[illegible]之所謂[illegible]合[illegible]
無不[illegible]過竹[illegible]而其字[illegible]大[illegible]欲[illegible]加意
招[illegible]候[illegible]揭[illegible]
倅重[illegible]公館上不[illegible]人[illegible]故[illegible]者[illegible]
[illegible]并者說說韓士[illegible]而[illegible]柱[illegible]者[illegible]
築者[illegible]門之外左[illegible]三楹而[illegible]所以[illegible]民不
[illegible]用[illegible]有[illegible]三楹中[illegible]倉[illegible]此[illegible]之人[illegible]

慶元縣志　卷之十一

[illegible]秉耜人少樵[illegible]書聲與和[illegible][illegible]不[illegible][illegible][illegible]之以故[illegible]

子衿讀志[illegible][illegible][illegible][illegible][illegible][illegible]中至公應麟此邦之先賢

不可不[illegible][illegible][illegible][illegible][illegible][illegible]之[illegible]行循此路光川徹先生西[illegible]

竹溪二里[illegible]者後坑爲行旅要道邑乘載有興梁自[illegible]

宋來不曾十地戊申春復爲怒濤掠去渡者多罹溺[illegible]

僕登痛惆遠瞻遐思乘其故址[illegible][illegible]於下流兩岸[illegible][illegible]

[illegible]斫石[illegible][illegible][illegible]倒[illegible][illegible]付鄉之[illegible]勤者任其事鳩工選

材[illegible][illegible]于[illegible][illegible][illegible][illegible][illegible][illegible][illegible]是高口同[illegible][illegible]者

日[illegible]公[illegible][illegible]用[illegible]不朽橋之西首創八角茶亭以頤陀

司鑰欽於行路四達不絕余近屬鄰封久耳侯三異三善之政今秋九月諸役告厥工成竹溪三四老人達政乞余言記之雖鄙陋不文敢不拜揚良司牧之德意遂走筆應其請云

重修順濟行祠記

邑人　季　灴

順濟行祠夫人閩古田陳氏女也行十四生於李唐之大歷精巫咸術活人最多沒更顯異祀之臨水至宋封爲順懿夫人不獨八閩崇祀卽吾淛之甌鄰僻塢莫不尸而祝之而余城西之行祠高敞獨爲蕞廟況自辟邑

來凡疾疫或作而賜或愆子嗣或穀無不於夫人乎是求求而未嘗不應故闔邑士女羣爭祀之而祀事之盛更超乎羣廟夫人之功在社稷廟食一邑不亦大哉其祠創自何年余生也晚不得而識詢之故老亦鮮有能言者僅傳以爲前重修於萬歷之二十七年則其祠之古可知而報夫人之德應有與日月而俱長者卽起公梁公於今日亦如在所必存之祠非媚也鼎革以來斯城祠廟半爲戎馬踐躪夫人行祠亦間有兵丁棲宿一日忽倒懸梁上如綑縛然求之而後赦以故兵入逃跡

而清潔如故噫奇矣非天下之至神其孰能與於斯惜歷年久棟宇摧頹風雨交侵過者雖抱修葺之念每慮其工繁輒喟然太息去順治辛丑春家君命余與兄維煨總其事余退而撰疏告諸同志亦慨然共任其役以年月不利遲至康熙乙巳秋乃得鳩工庀材以始其事凡祠之内外兩楹各依前制止易舊桷其依人亭則改造也東廊有碑而無楹西廊有楹而無壁余與諸首事竭蹶協力朝夕省試易舊圖新爲之丹雘塗飾神像以煥人耳目人無不悦矣神有不來格而來享乎其工始

於康熙之乙巳七月四日竣於丙午之七月四日以如此之工繁費浩期年而告成豈曰人之力哉實神之靈也余與二三子其何功之有祗以報夫人之德於不朽耳夫人之福庇一邑而惠及後嗣不益遠哉若夫撥運之工均出社下余不必書揮錢樂助實繁有徒書之梁上余不勝書而總其綱者吳子美中與兄瑕及余任其事者周子宣明吳子可履亭凡收支之數皆屬於亭也得知其工之繁而費之浩故不憚詳記之俾子孫以必壞自然之數後有作者能心余之心與諸同事之心是余

與諸同事之幸也夫曼作歌以祀之其辭曰桃溪灑灑
毓瓊胎發識香名在丹臺覓魄霓旌疊埃華房石室
長仙才鐵函金字鷹遣天龍來虎一齊雅西來王母
白雲杯瑶姬姹女共徘徊駕鶴驂鸞戲九垓吞佑元貞
右黔雷靈蛻乘虚更異哉丹詔遠從日邊哉歲逢女魃
忽爲災香雨飛飛散九垓蘭桂寶芬傍靈栽禋祀何必
數高禖降魔驅疫法妖怪膏傳續骨起枯藥病貌重新
西溪隈庀材伐石倚城開老稚歡呼動地來朞月告成
何崔嵬肅然瞻拜景昭回爲祝徽嬬敎嬰孩長作王家

廟廊材

建角門橋記　　程維伊

自古分建郡邑莫不上應列星下隨地紀以爲形勝故泰岱峙於東而青齊顯衡霍列於南而荆揚著華恒分立於西北而雍冀名此其最鉅者也至若津梁之設又所以補天地之氣機聚山川之秀氣而大有助於文運寧僅係一方之利涉而已哉慶邑僻處萬山去省會千有餘里其民力田務本不事末作其士敦詩書習禮讓彬彬乎絃誦之風足與上國名邦媲美而三歲賓興升

諸司馬者寥寥無幾識者未嘗不扼腕而嘆慶士之遭遇也余治慶之六年歲在己酉偶值簿書之暇與邑人士登高遠眺四顧徘徊北望憮然曰士之扼於制舉非無故也稔源之水自東振迅而來至角門嶺而一曲邑之文瀾於斯萃焉向之有其才而難遇者以茲水之淺而不聚故若此若架木爲梁以接兩山之脈絡鎖一水之瀠洄文運殆亦助乎邑人士咸躍然稱善曰善余乃捐數歲之俸以爲邑人倡諸紳衿父老不謀同辭咨助聚力於是伐石庀材建橋於其上其工始於本年之二月

至明年十月而工落成望之如長虹亘兩山之間者橋之形也重簷飛棟鱗次而縱橫者長廊邃閣架於橋之上也巍然雙峙翬翥於橋之左右者靈龍之樓也修垣曲屏有亭翼然於石壁之畔者儲英莊也長川瀠瀠波折而內攝者溪之水流而後返也列嶂屏巖鬱鬱蒸蒸互為掩映者兩山之氣相生相續也而慶邑之山川燕幾從此其效靈乎雖然自有天地即有此山川自有此山川即應有此橋向不知建而建於余蓋亦有數存焉余又幸遇合之奇也因樂觀厥成與二三僚友登斯橋

而瞻眺豈曰後創建之勞哉[illegible]是而有感矣顧原田之膴膴則思不竭吾民之力焉湖清流之潔瀏則思臣心如水而不使可淆焉觀其烟霞朝變倏忽上下則思與諸士切磨砥礪而期之文教之成焉念夫負擔而往來息足於淺溪泐月則思阜吾民之財而比戶可封焉題眺乎雉堞言言左山而右川則思百里之脊土足國而下衛民者無不周詳而衛勝焉至於免虜搖之勞者溺之患又其最著者耳邑人士不忘余一日之功欲做默於橋之首楊其橋曰邦公余固辭之不得遂以是名

是爲記。時康熙十一年臘月之吉。

續成慶元學舍記　　教諭　胡玠

慶邑也，自兵燹後，百廢具興，建置各遵舊制，獨學舍闕如。向之教斯土者，皆僦民房，而與編氓雜處。其始至則多憩于僧寮道院。於戲！鱣堂虎座，徒擁虛名，烏在鵠棲落落無定所，良足慨也。歲癸酉，予奉簡書乘鐸慶邑，始也寓於萬壽庵，繼借寓於余氏菁宅，遂隔城郭，寒暑晝夜[illegible]。諸生謁予而言曰：昔者曾夫子得李邑侯之[illegible]工庀材，構造公署，經始未終，咸廢墜

以去今寥寥數椽猶在飄揺風雨中適而修之不猶愈
於僦屋而居乎予曰學舍固爲公署然不敢以煩上官第
又不可以瀆民力雖修也而功倍於作歴陳儲爾君或
有其志而力不逮或有其力而志不堅歐公云嗟我官
君如傳舍其來久矣如予之不材曷足以樂其成諸生
又進曰天下事憚者與怯者弗克濟我夫子聚慷慨爲
懷實心任事而何有於區區予聞言趣之從更門措据
三十金付管事爲之倡而多士之好義者咸鼓舞從事
奐各寮各輸其志木石咨平其直匠役各優其貲隸逵

諸生董其事同寅婁君總其成爲之闢草萊甃甬道峻墻垣完門壁開講堂構書屋前爲轉廊後爲翻軒凡庖廚湢室無不具備且濬池栽竹築圃蒔花廣而儉樸而雅向之飄搖風雨者且可以擁皐比坐春風矣是役也予更不欲以安居自隘其願計將大堂並加修葺使桓榮授經胡瑗勸業皆足以坐橋門而至止始繼美屠君創建初心而後勒之貞珉俾二三首事咸垂姓氏於不朽第以頻年索米日在風塵憔悴中今又將奉檄入都舍此而去嗟予行矣後之君子升斯堂入斯室或念經

營創置之不易時從而補葺之不致復有飄搖風雨之感則予心慰而并屠君之心亦慰且以卜慶學之聲施於奕禩也康熙三十有六年重九望後

重建明倫堂記

知縣　徐羲麟

慶學之有明倫堂在文廟左偏其額爲建陽朱晦翁書蓋慶疆遠處而近閩與建陽接壤或晦翁當日曾來此書額故慶之士紳家多朱子親書不特此額也堂久弗葺傾圮且將盡予惟政治之要學校爲風化之先士子爲四民之望肇修人紀爲廣化之原釋此弗圖雖粉飾

治具皆虚美爾余自束髮爲諸生即以忠孝自矢及甲
午登賢書躬逢
聖天子臨雍欽聽大司成講聖經一章知正心誠意修齊
治平之畧要不外自明其德以作新斯民明德者何明
此君臣父子夫婦長幼朋友之倫而已士不明倫不可
繇以上不明倫以作新其民則無以致小民之親雍正
五年丁未四月余奉
特簡作令茲土惟以人心風俗爲急首謁
聖廟與諸生相見至講堂則堂傾圮無可設席惟聘翁書

額巋然尚存於敗屋頹棟間余亦愀然不樂者久之迨冬十一月而司鐸孫君至余與議及明倫堂有同志焉遂各捐俸創始立簿廣募又請於學憲王公得罰金三十兩合士紳所輸於五年冬十二月起工迄雍正六年冬十二月而堂告成復揭[illegible]舊額於上從此講肄可設諸生得肄業堂中余之[illegible]責盡是可少慰于懷堂之壞非一日矣更數令矣前之令不修諉之學曰非我事也前之學不言諉之令曰非我力也彼此相推以至壞不可支若早修之則用力少而成功易矣天下事豈於自

異而成於寅恭可勝嘆哉

對峯書院記

知縣鄧　儒

松源爲龍泉舊壤自宋南渡後始割置今治山水靈秀代有文章道德勳名之事顯於時近年來激昂青雲者頗少說者皆爲山水咎乎獨以爲不然人材在乎培植令邑中並無一椽肄業地欲文弱子立風露中烹字充腹以精其業也甚難乎蒞任之明年有興建書院之意因大集邑士民合謀之咸踴躍喜曰邑父毋爲邑人■教澤疇敢自鄙負明德又請曰勝國初邑富民曾肯捨田

一頃八十畝入龍天寧寺今寺燬僧散田無主易請歸
爲諸生膏火資于衆志堅定事克濟爰卜基於　文
廟之左建屋八楹共計八十六間前大門三間儀門三
間中講堂五楹後文昌樓三間上祀　帝君像下作掌
院住宅左右各廂屋二十四間分爲諸生肄業號舍極
偏五間則庖湢室周圍垣墻高一丈共八百四十步有
奇中門正對蓮山因顏曰對峯書院又以公牘上郡太
守鄭東里先生請撥天寧廢寺原田歸乃工甫告竣而
先太夫人訃音以十月十七日猝至倉皇解組弗念事

類九仞一簣倘不克終前功盡廢且大負士民望偶一念及輒涕潸潸下而不能止越兩月長洲蔣涵碧先生來署篆至卽毅然任曰此我事也立責諸工刻期告成會鄭公判牘亦下允將原田盡歸書院爲膏火資且立壽冊籍以垂久遠予又以所買江葉氏姚官第民田一百六十五把附入而學舍膏火胥備矣予閒乘交代之暇登文昌樓見龍山弄爪拏雲勢欲凌空飛去而石龜拱立儼若浮水而嚴書者然他如霞岐仙桃錦屏諸峯紫氣紅光盡著文明景象乃恍然神悟曰松源山水靈

蘊百年未洩者其在斯歟其在斯歟然斯舉也予雖首其事非得郡憲曲成之仁署公善後之力邑士民勸助之功斷不能完美至此亦由松源氣運將興故得羣賢交贊事克有濟也因紀其事於此以傳永久焉乾隆癸亥元宵日

魁星樓記

訓導 胡曾肇

韓昌黎云中州清淑之氣蜿蟺扶輿磅礴而鬱積必有魁奇忠信材德之民出其間慶邑萬山環峙如屏開如壁立如幢豎如蓋張若嶙纚連巑岏屹嶇水自東南奔

注西北滮滮淅淅淩坻潏鑿箭馳而風爽神氣所感人
文興焉宋大觀初先哲劉公爲殿試第一人他如少宰
吳公大宗伯陳公司徒胡公等各以文章經濟彪炳宇
宙豈非地靈而人傑歟自宋迄明後先接武不可勝紀
人
本朝來
天子闢門求賢而拔巍科居官於朝者落落不過數人豈地
運有盛衰耶抑別有說也夫日月星辰天之文也山林
川谷邱陵地之文也沉浸濃郁含英咀華人之文也有

鄉之文人之文而不得天之文以助之則其光不顯史記天官書云文昌魁下六星兩兩相比名曰三能卽三台也是王文明實能振興出滯通邑大都爰建立祠閣肖像以祀之爲靈應爲意者慶之人士始未嘗不祗薦崇奉後稍陵夷至於傾頹數學署舊有樹人堂坍廢已久乾隆癸卯司鐸王公炳繹金玉麟創造堂樓爲諸生課藝之所然規模粗具而棲板窗檻墻壁俱未整治迄今十有餘載上雨旁風日就傾圮余與同寅齋山兄及諸同志定議捐修鳩工庀材不數月而蕆厥事登斯樓

也但見羣山聳翠羅列環拱溪水縈繞於後有峩然聳
鞳噌吰之聲余向讀書鳥語響和鏗鏘若詠諸生長山
水縈紆人材之所鍾毓也若天之文與地之文合則科
名之盛操諸左券矣諸生聽余言設祠樓上中置文昌
帝主又迎請后田魁星神像置於帝主之後春秋佳存
諸生十餘輩具牲牷粢醴而拜祀焉從此星精下灑
澤敷靈魁奇忠信材德之士蜚英聲而騰茂實紛紛蔚
紫如拾地芥人文之盛胡可量哉

桂香堂記

九都竹日庠有桂香堂書田生儒元兄弟所築也其堂背擁高峯面臨溪水饒有幽趣堂以外竹木蔭翳森如也堂以內石徑曲折奧如也堂主人李子嫏嬛謂其中凡耳所接者惟是風聲水聲樹聲鳥聲而人籟之紛紛雜雜者蔑無聞也目所見者惟是山影雲影月影花影而塵俗之形形色色躡諸無有也客不至堂主人呼童汲泉煮茗略談詩勝否則向古鐙焚一炷香靜滌胸臆時而客至堂主人又相與論文唫詩摩挲古帖否則在石枰上布一局棋盤桓終日傳曰百工居肆以

成其事吾儕讀書而無其肆學曷有成者鮮矣田生而
兔此堂其卽讀書之肆也夫是不可以不記或曰堂名
桂香以堂前植丹桂數株故名

傳

貞女葉氏傳

知處州府 周茂源

栝山奇峭栝水清瀉毓秀閨閣然湮沒無人使潛德幽光與蒼雲併散亦有司之恥也葉氏六有異養姑年十三割股以療父疾字吳氏子良彩鷄盟雖訂鸞侶未偕踰年彩之訃聞至請從母赴弔即誓守志不還姑疾問以事[illegible]者事姑姑感之擇嗣令撫甫及成人旋[illegible]不祿復以撫嗣者撫孫居雖戶淺步不移閾家範節綽有不乞鄰[illegible]未亡者六十一載晚矧交戚深諷[illegible]順治十六年

無疾端逝慶人爲立祠源瀨式其閭并爲文以奠而表揚以禮之

節婦周氏傳

知縣 徐燾麟

節婦周氏已故儒童吳公塑妻也十七于歸甫一夕而夫亡氏悲泣絕食誓以死殉姑季氏係名家女以大義諭之曰汝慮無後耳今伯姒陳現在有娠生男即以繼汝則汝夫一脈得以接延且代夫以修子職俾子失子而存孝節孝兩全乎不爲計之善乎陳亦欣然謂曰姑命誠當余雖青年必不嫁者也氏再拜遵命悲啼泣有傷

姑心愿温春奉事已而陳果生男取名曰蕃氏殷勤鞠
復暨長不辭家貧事紡績以資讀幸游泮水并爲娶其
姑之侄女孫關關以爲之室夫何天墜吾翁甫生子
而身亡氏痛哭不勝幸媳季氏抱兒就寡季翁節撫孤氏
憂稍舒可憐家徒四壁姑媳二人惟藉女紅以資日食
而足不出閫口不道貧所尤難者畢寅欺樊氏避嫌於
鄉常懷刃自隨誓死無二眞所謂貞節天賦節且益堅
者也余視學新士廉訪幽貞知氏之清操并爲媳季氏
同矢苦節洋溢遐邇稱既以一門雙節褒美之續兩次群

請邀恩入肯追

綸音將至而氏已溘然逝矣余冀以文復撥貢郭官田上十六畝零界其子孫承奉祭祀令

旌坊建於康衢行道過知懽歷歲久而著行漸湮且其姑媳伯娣一家之懿德弗彰因按其事實始末而詳紀之俾觀者有所感且百世不朽云

賦

濟川圖賦　　沈維龍

既闢分土於源誌鄉漢魏兮鴻濛唐宋兮啓羅寧宗錫寓氏族方張人繁物殺山廻澤藏地鍾其瑞氣氤氳莽著人挺厥靈豹隱鸞翔陰霞暖陽堆谷岸嶼紆其阜陛前白蓮後白鶴旃檀拂於阿曲麵若天馬岧嶤於霄漢對頂巍峩於亭毒積源於層巒重疊之巔迸泉於削玉懸崖之隘觸石噴灑怒濤奔派繁後滙爲清泓轉爲迴瀾分燕浩出龍潭千溪萬壑而西爲赴海之端此濟川之

可望而邇也迴龍內屌捍門鎖其東曰仙桃茂木鬱葱
黃公遂之羽化丹鼎寄乎仙蹤西曰葉錦對峙豐巖異
樂隨乎天仗三疊纍於長空帝垣聳文筆之奇輔璧額
捲旗之峯環四面而揖拱合三水以朝宗其土則丹青
白堊其石則砥礪珷玞其丹木則蘇圖薪蘭射干芎藭
其異類則鷺鵰騰遶謝豹鷦鷯衆物居之不可勝紀其
遊觀則曲欄危樹怪石芳池雲承綺棟霓曦繡櫨清泉
湛於中庭肉芝之產乎疎蘿情暢意怡東臯西畦原隰爰
衍彎嫈漬丹夏熟黃雲秋殖高庾于時瑁筵修髓劍佩

珠履清風滿座雄譚揮麈四方之賢俊峨章甫而曳華裾摛章染翰錦心繡語此都雅博大之高致也望齊之名宗貴士有之朝紱暮誦家詩戶禮執讓撝謙策勳帶里聯軒結駟此八支彙征之盛作也望濟之儒紳俊髦有之四衢九逵闤闠帶衢白叟黄童雁行鷺列男舉趾婦辟纑宛邱之鷺羽不值懷春之吉士何慕敎本尚行相友相助晏息發作株守其戶此淳龐古始之遺俗也望濟之父老子弟有之於戲斯民也時澆獨醇時究獨鬱豈其本性之殊異夫亦風氣之相沿嘗慧蘇帝之樓

基不入瓊璃之盆甗不堅時瀩時究孰與孚濟之茯歷抱樸而喁喁乎擊壤之堯天歌曰高岫兮神棲危樓兮雲齊素封兮遊畦鳳翼苞兮麟異趾芝之有苗兮椿有黃溪含碧兮天上下山凝翠兮月東西後賢接武兮擅英奇龍騰蚪躍兮耀雲遶樹德兮發山川之靈秀人傑兮際元會之昌期

饒山賦并序　　教諭孫之騄

暮春之月百草萋萋顧望有懷不能自遣乃步出東門至於後田沿溪行水光泥澄鯈魚出沒於清潭歷歷可

數土人曰鏡潭也其旁杉木杞梓蓊蔚藹夏月清涼揭表
波以濯足蔭瑶臉以爲蓋徘徊相倚游觀城外行里許
過丁步上沙洲見羣峯矗立中有小山焉平圓如
鏡之在架上土人曰此鏡山也山形若鏡頂有亭翼之
綠樹閣差參隨勢下上綠者分徑羣峯對臺館木美并
蓊蘢翠羣鋪晴樹曙景天風欲息倚聽鏡潭之清泠目
眺塵市之鱗萃卑楚蒼茫恍然在目噫是山也高不出
羣峯之上而獨以鏡名其體是陰陽之爐錘化工之鉗
範有私於造物者矣乃爲之賦曰

視形責影能見形容視人行事能知吉凶鏡之爲用萬象昭融拂拭斯明塵垢頑業去若藍山不藉磨礱至靜德剛合物化光凝羅炯炯散彩洋洋不將不迎應物無方同賓鏤於良史隨善惡而定形姸媸逐之而立辨魑魅匿影以潛藏山雞見而起舞海鳥集而翱翔惟鏡之明可以鑒形惟鏡之清可以滌心清本於明明豈能昏不濁不昏故能籠百態燭究根止洞玉藉下徹太寧日月軌躔星辰列陳太哉鏡乎豈徒孳山之銅鑄而成廣狹亦大塊元氣結而爲山者乎是以君有鏡以平政除

下必衡臣有鏡以厲節在邦必聞若夫山不稱嶽谷不
出[illegible][illegible]奉千古[illegible][illegible][illegible][illegible]王鏡光[illegible]章縱橫鳳鳥棲
陽能虎屈陰巢泉穆清波湍流襟林薄護龍幽蔚隱青
東方曼倩見而稱曰恍兮恍其中有象杳兮冥其中有
精泂碧空其何際洑清瀾其無底鸞舞閒於曈曨龍怒
鱗於清泚淮南王曰旨哉大夫之體物也

慶元陳侯惠政亭碑

括多巖邑慶僻處甌西南四百七十里與景寧龍泉溫泰順閩建寧相唇齒尤爲險阻山坑間小醜往往出沒官兵或不能禁戢積數十年爲害爲之令者豈不憂憂乎其難矣哉唯聖天子明見萬里時每彰念慎選賢有才者任是職而今平川陳侯實膺茲選下車問而曰匪兵無以衛民匪城無以固衛二者可不謂急務然兵凶戰危城築費且勞如之何退思者久之深惟坐視赤子横羅轉掠仁人所不忍矧一方民社寄之我於是捐俸

米代糧餉親帥鄉壯兵奮身出戰於竹口楓塘歷三日夜殲渠首四十級生獲徒百有五十餘益搗巢穴餘黨悉殲其喙鄰境同賴以安繼遂經畧版築事條便宜上監察守巡報可乃行邑寺田查備寺僧焚修外召賣月餘得田金七千餘木甓瓦石之材捄度築削之力咸以取足屹然保障延袤七百餘丈通道於八閩慶元路稱周行自兹始叟老縉紳感其惠政駸駸乎頌聲作矣咸曰兵以靖亂一時城以設險萬世我侯安民之功大且久若是觀風氏最其績為兩浙第一丁未侯當入覲

老搢紳又方憂其遷去相與謀立亭鐫石以紀不朽予爲令之職首惟安民而侯處其時艱乃克施其賢有才以底平禍亂以保乂茲一方斯不爲思艱圖易舉稱其任者乎予仲弟子揚始以天官郎王東廣試事得侯之文既其不凡也觀侯之作用實能攄發所蘊廼知文匪空言而予弟之識鑒亦於是驗云抑先王所恃以治安猶有進於是者不兵之兵不城之城仁義是已侯登仕以來執道範俗知既足以達此肆令胸富甲兵爲國干城應變秉經綽有餘裕裒然爲循良稱首有以夫由是

推之他日施於四方何莫而不爲慶元也金鄉經昔劉
侯嘗與督城役謁文是爲記嘉靖貳十陸年正月之吉
朝議大夫福建布政使司參議東崖王澈撰通議大夫
太常寺卿兼司經局正字直文淵閣侍經筵預修玉牒
國史官清泉周令書篆

革除夫役碑　知州李勛

[illegible]乾隆五十九年五月二十九日奉布政使司[illegible]乾隆五十九年四月二十六日奉巡撫[illegible]據慶元縣民陳大材等呈稱身等慶邑小民[illegible]當差集衆昔於大小各村私立額規大村六夫八夫不等小村四夫每於差與不敢不到皆因當差無價給養有力之家私自[illegible]貼請役無力之民遇差鄉拿而又備伙要木責任食民[illegible]官不知發價上年恩蒙前撫憲長[illegible]示嚴禁在案更如

兵書雜總貿工書吏查奉仍復舊習勒派如故呈叩嚴
行示禁等詞奉查書吏勒派久經飭禁該縣何得尚復
前項書吏雜役累民太甚不合仰布政司嚴行查禁仍候本
部院通飭各屬遵照一體嚴禁繳等因奉此查書差勒派久經
前撫憲及本司通行飭禁在案該縣何以尚復前弊縱
役累民大干法紀合行嚴查奉札仰府官吏文到立即
先行出示嚴行禁革等因奉此當查勒派久經各大憲
並本府嚴行飭禁在案茲據監生陳光梅等具控乃竟
有不肖書役仍復舊習違派累民深堪痛恨除飭縣查

報詳憲外合亟出示嚴禁爲此示仰閤邑書役及夫頭人等知悉自示之後各宜恪守律紀毋許藉差溢擾派累閭閻設遇差使公平僱用毋得擾勒派鄉民倘敢陽奉陰違仍蹈前轍定即嚴拿按律究辦本署府言出法隨斷不寬貸各宜凜遵毋違特示

右碑於乾隆五十九年六月二十四日由府給發知縣李寶翔等奉文傳諭邑民於縣門側五都坊口竹[illegible]等處勒石示禁永垂不朽

箴

書濟川中宅兩堂四箴　曾[illegible]應瀧　其

父子箴

子孝父心寬新婦青誠爲禮不怒父不慈子賢親自樂父母天地恩大小無厚薄虞舜日夔夔瞽瞍亦允若

兄弟箴

兄須愛其弟弟必敬其兄勿以纖毫利傷此骨肉情兩公賦棠棣田氏感紫荊連枝復同氣婦言甚勿聽

夫婦箴

夫以義爲良婦以順爲令和合貞祥生乖戾從禍應尋
家必齊眉如賓互相敬牝雞一晨鳴三綱何由正

朋友箴

損友敬而遠益友宜相親所交在賢德豈論富與貧君
子淡如水歲久情愈真小人口如蜜轉眼若讐人

詩

五言古

石龍山　　葉祥

石龍何蹲踞不飛向天去一口汲龜川吟卧蕭峰邊問仙何年始鐘鼓掛龍耳高高龕之前松亦老多年松子落無數其聲疑驟雨蘿磴淨無塵苔花繡冬、春汲泉烹石髓搴芳拾霜蘂水雲氣味酸鹿虎其眠餐龍頭明月

小龍尾烟雲繞

班岱山　　吳王鍾

萬斛雲濤響白練掛秋空石激雷飛吼曉日射長虹鳥啄時疑雨猿啼不知風徂界匡廬趣世途塞亦通明珠常噴薄斂入用不窮終願歸江海長辭泄澗中

松源川　　吳玉賓

川勢百千曲濤呼萬古清松老雲氣結龍吟本斷聲誰併濟川手撥尋一葉輕岸遠水同潤是皆浪一毒倚裏人家小橋峰插天明沙邊鷗鳥宿朝暮與誰盟

前題　　知縣關學優

灣灣復曲曲踏遍古松源川水清且淺夾岸都成村

雲鶴堂　　本府知府高　魁

我來雲鶴隨我去雲鶴依舊來尚咫尺何天不可飛

前題　　知縣關學優

雲鶴常時任鶴今飛何處須知鶴與雲無心任來去

石龍山　　知縣關學優

登山山屼嵂石石轉㕷怳惚龍變化隨屈復隨伸龍首昂百尺俯瞰城之闉龍尾曳千丈環圍河之濱有時雲欲起石燄裂其根有時澀乍吐山淨濕無塵問松何年種都忘漢與秦松老龍亦老片片垂著鱗豈知龍有

窗別開洞中春山石自今古賞識會幾人

鶴仙閣　知縣　關學優

禱雨雨即至羣道仙有靈依壇構傑閣千尋接青冥月靜鶴爲馭風高雲作轍去住渾無定經歲戶不扃

同章癖山遊石龍山周覽寧泊具招飲豐樂亭

本府教授　張　駿

松源投客館坐卧對石龍經旬沮霖雨但見青濛濛今晨忽開霽游興乘清風出門古同人杖策欣相從幽磴鎖蒼藹夾崎皆虯松孤亭山之半萬象羅此中羣山亦

龍族一一朝其宗載登梵王殿飯後龍撞鐘壺觴辨啣
嗟羅列肴何豐循環縱拳博奚轂交談鋒餘酣漱仙井
甘冽開心胸歸歟發長嘯斜陽掛高峰

登半天嶺　　王元衡

高峰插著旻標奇五岳外攀緣登絕頂始識乾坤大呼
吸帝座通彷彿聞仙籟俯看波洶湧百川若交會日出
萬象澄清風掃埃壒乃知非波濤下方雲靄靄

七言古

石龍山　　李時芳

石龍山色何蘢蔥芙蓉片片開晴空蜿蜒迤邐下林叢
椎石壁立倚長霧蒼松拱[illegible]元帝閣石龍昂首卻攔努
梵宮林樹鎖昏靄翠[illegible][illegible][illegible]長具懸崖小澗可藏春
修竹斜鋪著遐翠仙公去跡不知處閱盡世上古今人
借問佳勝誰闢剖南關[illegible]公五丁手幾奇歷歷到如今
可比柳州柳太守躡屐不盡看山杯凌虛作賦日徘徊
山靈于今重生色令人千載仰鴻裁

巾子山

徐道源

八月二十有五日雲起薰山甚奇特烟妝四望碧若天晶

忽見空中呈五色初如飲澗一長虹倏變彩橋三道直
北山之北巾子峰橋跨兩山幾千尺仙人跨鶴回不疑
亦是鄉間好消息春風早晚狀元歸先是郡黄勤應兆
後來接武應有人寄語吾儕勤著力

松源山　李虹

環城山作障松源山最奇蒼松翠最月不老寒藤皆古
柯疑化石千霄雲影碧亭亭積翠綠生烟斜照遠飛霞
蒼赤一泓澄潭映漳空林際殘陽倒影紅千郁烟火僧
山麓一曲樵歌答風前不見古來名勝渺多美物色

幾人終爾爾又不見子厚當年好搜奇名山終古稱知己我來登眺復啣杯一派松陰入望來陶然共醉松山下新月盈盈照晚回

百丈山　　吳運光

百丈高嶠城以北霞屏雲樹深莫測千峰萬峯插層霄長天倒映青紅色我來振衣越其巔絕頂摩天一極目疊泉飛雨白日暮烟山點點皆尋伏惟有層岩香露新當年蛻化玉[illegible]人[illegible]不愛人間婦採藥山中別有春一自青[illegible]天[illegible]已埋秋光無主石磴猶留裙帶痕

林梢彷彿霞穠彩若不見名媛幾許藏金屋百歲星霜
掣電速但見蕎邱臥麋鹿倘如身乘彩雲歸名伴山青
與水綠

前題　　余□鈞

層巒四塞割昏曉百里山光青未了惟有城西百丈山
一峯獨歸羣峰小靈石嵯峨高千尺中有懸崖與峭壁
高磴危梯躡飛鶬騎日當空真蒼赤我來覽勝方年少
一觴一咏一長嘯曲徑通幽多白雲龍湫古井盤登眺
懸誰指點覓仙蹤刃尺屢癡石邊逢竟日探奇奇有眼

烟嵐杳靄若爲容自來勝地尋幽草萬籟沉沉秋覺好名媛一去幾時歸空山無人終不老

白馬山　吳王春

東山矗矗奔雲下行客傳呼爲白馬雲生毛鬣向風嘶霜蹄蹴踏花滿野山花爛熳穿林綠錦韉雕鞍蹀躞足隔溪啼鳥奏清聲夢回馬上聞新曲吾聞茲白之馬來西方萬里一息忽騰驤局促轅下詎足數胡不追風逐電如飛黃

百花巖

危峰聳出高勢湧出韶霞掩雲礙白日我攜筇杖躋其巔
萬山攢翠森森立高臺摘星橫千尺今不見黄冠相對奕
崖邊躡蹬罩流雲岩下楸坪撑怪石流雲怪石掩蒼苔
管年樵子不歸來金榼綺樹知何在但見燦爛百花開
花迎野徑鋪秋色姹紫嫣紅紛似織依稀當年洞口堯
散落山南并山北

將軍嶺　吳勣

天上何年落將軍憑高踞險勢凌雲環壁壘蕭蕭合
四顧旌旗冉冉飄我今且隨將軍去黄茅白葦紛無數

隆馬巖深臨寒雲落魂澗曉迷烟霧一彎過盡復一彎回頭不見嶺南山憶昔戰敗馬陵道而今且過鹿門關將軍對我默爽言啣枚疾走真可憐汗流浹背猶未已道逢梅樹口流涎我願將軍聊駐馬豈願將軍數舉鞭行盡六步與七步直陟關頭分去路將軍送盡往來人坐鎮烟嵐億萬古

前題　劉光魁

巍然大嶺名將軍憑高雄踞干青雲壁壘重重勢嚴肅棘門灞上何足云衆山崋崋如俯伏林巒縣羅紛部曲

森森萬木植戈鋋長松千尺元戎[illegible]花艷艷遶山隈
如荼如火紛佗堆堄鰲切雲長纓麗赤甲耀日金鱗開
時清百室皆安堵從此將軍不好武名山有約盡盤桓
數聲啼鳥來花塢

遊石龍山　　教諭 譚觀嶽

石龍山高登半天雲日暉映共西連橫空直上勞躋蹬
俯瞰蚪落萬井烟松濤入耳覘嵒巒層巘奇峰類劍鍔
山中忽遇賢主人危亭把酒瞧日落與酣欲作竟日遊
仰觀飛鳥鳴啁啾摹碑淡字尋古跡豪吟長嘯山之幽

昔賢詩句教我讀流覽篇章珠百斛山儂不識何姓行
羽客仍披古衣服吾本甌江慣乘船忽來此地遊逍遥
海門烟水空萬丈不見扶桑聽採樵

謁陳夫人廟

訓導 胡會峯

城卤有廟峙山麓歸然新宮殿遥矚古柏參天黛色濃
柯如青銅盤屈曲森然魄動謁仙靈廟令言是陳夫人
古田有女行十四生而正直沒爲神夫人降生唐太歷
宋封順懿發坤德閫嶠咸蒙呵護靈濠洲更荷吹煦力
廟宇不知創何年萬歷重脩故老傳神光烏葬歷以遠

歲時致祭禮爽愆祈禳報賽紛士女酒清於餚殽列俎

雨暘時若疾癘消更有孚馨神賜與紅花韻面視中閨

夫人之靈陰庇之日暮風前紛跳走暗中神力爲扶持

衆心感戴神功溥廟貌重新闢堂宇又欒鏤檻塡青紅

璇臺高敞爲歌舞日之吉兮神出遊耀雲輦之兮揚綵旂

華鐘聲鏗鼓嘈嗷燈光艷艷明山陬廟後青巒勢嵂崒

廟前溪水聲湍急山高水長爽綏靈萬載千秋綿血食

登半天嶺　　　季學勤

古云地之去天億萬七千里有奇荒唐之說殊可疑誰

將尋丈細揣量上窮碧落下平坡嶺名半天復何據祗言峻絶無等夷積雨新晴秋氣爽同心數子振衣上前見履底後見頂石級巖躋攀境高四望迴無垠聚山巔另羅兒孫縹緲恍聞仙樂奏翕忽如見霓旌翻吾聞宗動之天為最高剛風日夜鳴調刁此嶺已在天之半森踈萬木聲蕭蕭神寒骨冷不可以久疑如何九垓之上恣遊敖

五言律

薰山　　知縣　程繼伊

極目蕪嶐麗透迤陟翠微經春山作黛積雨石生衣壁峭捫蘿磴樹深識竹扉仙橋何處渡冉冉白雲飛

石龍山　　知府周茂源

忙裏登山快囂塵淨此間摩霄雲影落捫壁石苔斑樹杪烟浮碧雲流鳥度關登高慚作賦新月墜層巒

帥子山　　程維伊

彩雲五色分蒼莽氣氤氳嶺上廻巒色溪中映水紋參差舒繡錦聚散布元纁莫嘆濯纓拙巍峨渡夏雲

百丈山　　吳潭

烟蘿封沓口轉憶武陵源峭壁雲光雜迴溪雪浪翻鐘聲清俗慮鳥影破烟昏地僻堪留憩寥天掛月痕

題龍湫　吳希點

懸河雲半落誰擘翠岩開瀑吼山疑動濤奔雨忽來飛花侵點筆濕雪照啣杯康樂空馳勝靈邱髣髴蓬萊

前題　訓導戚光朝

两崖懸峭壁古色老秦松恠石疑蹲虎靈湫隱蟄龍瀑聲驚雨過仙跡借雲封坐久寒侵骨遥聞隔寺鐘

蓮花山　吳自明

極目蓮峰勝清猿到處聞是泉俱作雨無石不生雲拂
席松陰合侵衣竹色分此間非捷徑安用北山文

烏蜂山　吳鏐

數折危巒上巍然變大觀村烟來一色泉壁響千端雲
淨清天潤風高白日寒此中堪小隱誰道出塵難

温洋山　葉上選

青林連海嶠鳥道逼天高古洞長留雲蒼松屢吼濤香
菰峯野菽鮮苻采溪毛別有仙靈藥誰誇阿母桃

廻龍山　周貞一

紆曲千盤嶺高高雲氣寒崖泉翻雪浪石骨傲冰霜嶽

竹迎人綠飛花繞殿香清齋禪誦久歲月坐來忘

淘洲川　吳銓臣

白雲侵竹徑綠水夾淘洲野燒光連曙疎林響帶秋危

橋欹野岸廢寺接荒邱不奈溪流淺無因泛小舟

鏡潭　吳世臣

選勝臨東郭霏微翠欲浮空潭澄玉鏡飛瀑散珠簾竹

閣褰書幌花村颺酒帘漫愁歸路晚林外月纖纖

石龍山大士閣　周宣明

高閣俯丹梯攀林路不迷翠屏環列嶂雪浪繞廻溪岫看雲出長松聽鳥啼終朝環坐嘯日色漸沉西

望京臺　李　海

層臺百尺餘縱目徧村墟幽思詩陶寫閒愁酒破除花隨春雨盡柳帶暮烟踈何處是京邑迢迢望碧虛

桃洲溪　教諭　徐應亨　[illegible]

一官成吏隱何處問桃源野館雲為幄山家樹作藩烟迷過雁松月照啼猿最愛東岩水晴沙映日暄

普化寺　江南李

蒲團禪意好來坐適閒情夜月明無相晨鐘寂有聲舞
天雲絮靜呪餘火蓮清默默聯標指萬緣一拈輕

莊嚴寺　　教諭張　晉

寥落前朝寺香臺幾度興祗聞遺舊觀誰爲續殘燈經
藏無完帙齋堂有老僧仙會誰說法不必問迦陵

淨悟寺　　葉方齡

年來躭寂寞古寺縱遊情遠望萬松色近聞一磬聲幾
雲常作侶禽鳥自呼名靜坐蒲團上心同山水清

淨心寺　　周班祿

十載參禪意不離一淨心翻經聲佛火分粒向山禽幻
看餘中影空傳磬外音茶鐺留我處暇日更相尋

大覺寺

推官 顧大典

欲識靜中趣來爲野寺行空門諸品寂覺地一燈明雨
過草初茁林深鳥亂鳴老僧相指顧不解有逢迎

雲鶴堂

季 紅

傍郭開蓮社悠然别有天人煙浮[illegible]外村塢掛山前僧
老存松性茶香沸餘泉登樓閑徙倚坐月可參禪

白蓮堂

姚春榜

九春遊勝地呼杖一相尋駭鳥鐘初響藏雲竹欲深薄
寒留木氣幽靜見禪心我欲聯詩社臨風幾度吟

前題　吳敢甲

靜愛遊禪地挈尊載酒行山圍四面綠泉漏一泓清梅
雨滋苔色松風度磬聲北窗時獨咏猶憶遠公盟

楓林庵　葉益章

乍雨溪聲壯新晴度石矼遥青連古寺飛翠撲高窗鳥
下鳴齋磬僧來樹法幢不須聞半偈早已片心降

萬松庵　陳觀[illegible]

蒼翠萬松色蕭齋掃俗氛鹿過花睡醒客到鳥知聞暑日冷於月午風淡作雲未容僧獨占清景與平分

雲泉庵　周自吳

松竹插高峰雪消春始暖花畦青草盈幽壑碧泉縈寺僻老僧閑花殘嬌鳥嫩袈裟曬日晴方丈閑雲滿

勝隱庵　吳王賓

千嶂簇芙蓉穿林翠幾重斷崖飛雪瀑怪石起雲峯松吹流清梵籟啼谷踏鐘禪心何處覓不住是真宗

百花庵　周班詰

西風吹杖履蓮渚漸漂紅社近催歸燕秋深下旅鴻住
踪留翠巘丹訣乞黃公只欠鄰翁舍無勞問海東

前題　周明新

春覽雲巖勝境剃萬斛愁初抵鐘正午花猶滿樹非秋絶
壁佛龕陰連雲仙路浮野鶯啼嘯咏莫笑雪盈頭

伏虎庵　吳松年

松關重復抑清境絶塵埃殿迥凉雲駐窗虛皓月來微
風過竹嶼淺水遶山隈勝景供幽賞寧愁夜漏催

前題　吳夢犀

覔春開野步坐聽雙溪聲勅鳥為山主要松與竹盟風
願花未發雲嬾雨初晴事可圖三笑渾忘此一生

清隱庵　葉中柱

遠嶠挐初月晚鐘一水間燈含殊佛情雲角悟僧顏寂
寂春堆夢悠悠我共山心聲成五字獨舞乞誰删

前題　李玠

到此全無暑南風洗客愁烟生迷竹綠翠細雲泉流心
與雲俱淡人借山共幽只須生樸眾此外亦何求

天堂庵　陳之錦

[illegible]竹[illegible]巖屏映鐘聲[illegible]徹猿啼山月出犬吠寺僧歸桂
影[illegible]窗動[illegible]參意何限色包頂禪機

前題　　劉作樑

何處尋[illegible]對雲歸澗底曉日遲林間客
到茶初沸經翻石未頑登臨還嘯咏松月滿禪關

普濟庵　　吳玉璣

[illegible]橋桂蒼崖罨文蘿山光晴愈近谷響夜偏多說
[illegible]龍窟棲禪傍鳥窠老僧[illegible]客何日許重過

山岡庵　　吳玉鐸

石以淩風起盤迴境若疑逶迤分鳥道浩蕩接雲旗碑字苔文古僧聾答問奇一泓清可鑑彷彿鬢鬚斜

慈容庵　吳貞臣

巖窩藏古刹石徑繞溪行雨剝殘碑暗雲開遠岫明鳥隨秋葉舞猿雜曉鐘鳴正喜僧居寂棲禪斷送迎

盤石庵　周九苞

愛此禪居好登臨曉氣清有巖皆古色無樹不秋聲竹裡僧同坐窗前鳥自鳴已忘塵世事但看白雲生

石龍山古岩巔　吳之琳

山高堞迥眺崖際隱孤城犖動都歸靜崎途一望平人
家連水色霜樹有風聲耳目何超曠渾忘世俗情

順濟祠裏草謝雨　知縣　程維伊

雲密蕪峰晴甘霖正及時郊原清暑氣隴畝發華滋澤
潤千畦稻功垂萬古碑寄信仍叔子不必賦周詩

戊午秋日登石龍山　教諭　徐宏坦

龍山秋更好九日趁斜暉刈稻千家靜亭空一雁飛酣
歌忘帽落冷卧識雲圍早報僧厨備加觴且未歸

偕諸子遊石龍山　姚長淳

首夏龍山上到來路逵辟攢樹千家小繞城二水流雲峯開絶巘瞻色落青疇還思足力倦相與訖斯遊

謁馬夫人廟　　訓導　胡竹肇

何處昇仙去言從百丈山逶迤窮石徑縹緲失峒鬟香列金銀闕豐昭既栝間蘋蘩時一薦勝境擬登攀

竹口署漫成　　知縣　關學優

昔年聽政地幾樹布棠陰愛我婆娑久增人感慨深肯辭陶運甓難得宓鳴琴不寐自終夜前山月滿林

過劉殿元墓　　關學優

人已委荒邱名仍萬古留文章推宋代政績著綿州石嶺寒烟淡巾峰瑞氣浮問誰再與起相與繼前修

過陳尚書故里　　　　關學優

倏爾高飛去雲霄碳幾重羽毛誇似鳳頭角儼成龍名以天官著塋因地脈鍾至今竹溪水猶自繞青峰

七言律

登石龍山絕頂　　　　知縣　李肇勳

岩花野草露溥溥絕壁蒙籠竹萬竿携杖尚誇腰脚健振衣直逼斗牛寒數聲清磬來丹府一片閑雲壓石壇

漫道仙凡終自隔，千年拔宅可同看。

登石龍山　季[illegible]

石龍昂首幾千尋，飛閣凌空閱古今。[illegible]共[illegible]幽潭
郊原覓喜僊甘霖，松岩月映高低影，竹徑風吹斷續吟。
[illegible]媿餘生材識薄，許同攀躋樂難禁。

次季生韻　知府 孫大倫

淨土人間何處尋，石龍勝蹟古猶今。[illegible]
游息還思休法霖，霧隱花斑[illegible]吟。
斜陽忽聽鷓鴣語，便覺[illegible]其不自禁。

登石龍山　　李鐘僑

家對龍山看未足，興來獨上最高峰。四圍巖岫雲千疊，一道長溪雪浪衝。竹爲雨餘青似染，松經霜後翠偏濃。人烟燦爛康衢樂，歸路遥聞古寺鐘。

遊石龍山　　蔡維伊

嶙峋怪石象疑龍，古觀青雲接九重。一抹斜陽明遠岫，千年修竹列孤峯。林間好鳥風前囀，巖畔幽花雨後濃。景色流連吟不盡，歸來遥聽暮村鐘。

前題　　知縣　鄒儒

石龍曲折逼雲限，偶值公餘到幾回。問俗有心尋古跡，
逃禪無計托僧媒。一城煙火愁中看，萬疊雲山夢裏開。
兀坐危亭茶盞熱，渴腸恰見酒杯來。

前題　　教諭　譚視嶽

幾年岑寂絶貪嗔，竊履閑遊老此身。[illegible][illegible]高[illegible][illegible]鳥翼，
攀松直上踏龍鱗。烟嵐翠滴山中景，猿鶴音傳物外春。
愧我未能忘世味，雨花臺畔漫逡巡。

九日登石龍山　　吳鑾

我契前賢愛此臺，每逢重九剔徘徊。亭中作賦興霞集

嶺上舒懷眼界開霞帔雲山皆北向仙巖風雨自東來

茱萸遍插思無限浩劫鐘聲任曉催

康熙辛酉春月　李爻師集諸生於石龍山肄業

每逢三日躬臨衡文奉陪一豫亭

吳鏊臣

光風萬里拂春臺石磴千盤悅接台下榻自懸孺子望

揮毫共識謫仙才嵐烟漫向南溪合花氣還從夾道開

人坐松巔雲路近論文樽酒溢瓊杯

前題

季灯

龍門咫尺接金臺燦爛文星映上台胸有智珠光滿座筆懸藻鑑識羣才著波萬斛兼春湧翠岫千層倚郡開雲裡依稀仙可聞鳴琴一曲笑啣杯

前題　吳澍

亭高島外石為臺何幸登龍近上台崑玉凝姿鸞鷟操莊鵬奮翼樂英才風清百里琴聲遠地擁羣山翠色開試問文翁化蜀日曾多吉酒泛霞杯

前題　吳松年

烏織花封香滿臺聲名久已列三台自慙琢月非長技

豈喜登龍有雋才較藝元亭君壁下載觴曲徑洞天開還瞻紫氣飛雲外應上龍山泛酒杯

前題　周九如

一曲鳴絃出帝臺明星炯炯動三台衡文韋作登龍望造士能爲吐鳳才澤沛蒿萊朝雨合春迴黍谷夕陽開鱣生徒抱緇衣好且向山亭獻壽杯

步龍山諸兄前韻時辛酉上巳辰也

知縣　李東繡

象山之麓有金臺出宰何由列上台每勸韋生勤讀力

更求多士竭吾才月來天上文心靜雨過岩前眼界開
羅雀庭閒無箇事喜君招隱且啣杯

其二

雕闌幾曲上層臺羅列書帷近帝台五夜聞聲知爾志
十年作賦媿余才延陵有後誰吳出南郡無前一葉開
今日登山饒酒興楓黃不遠又舉杯

前題　　訓導　葉榮

泰山雅望著燕臺司命文章列上台與錦花封多實政
作楨　王國育英才自慚振鐸鱣堂冷且喜登龍石室

開諸士凌雲應有志秋香擬泛鹿鳴杯

前題　　葉如鐸

花滿龍山月滿臺文星燦燦聚中台凴欄盡是登龍客
入座都稱作賦才問字人從松杉出載觴綠傍竹陰開
羅源多士頻投轄漏永猶傳濁酒杯

九日登石龍山豐樂亭步李公韻　知縣　王恒

兩度登高到此臺倚欄身欲近三台論文舊有詞宗客
遐勝新饒武庫才地值豐年欣俗厚時逢令節喜樽開
滿前康樂堪娛目況是黃花泛酒杯

前題　教諭王炳

佳節聯吟擬栢臺懸知此樂勝登台飛章龍嘯淩雲筆
令尹松源製錦才亭額兼因豐歲易酒錢名借賞心開
臨風悵望偏睽隔座上應餘北海杯

前題　訓導程玉麟

幾度招尋到石臺攖心幾已入天台秋期我復登龍約
紀勝君誇倚馬才美盡東南欣座滿風占勝地恰軒開
醉翁樂意非關酒百室盈寧侑此杯

大士閣　知縣樊鐳

萬樹松杉氣鬱葱碧雲深護梵王宮躋虛恍見飛壺杖
躭隱疑逢啖髓翁絕巘登臨霄漢近四圍眺望海天空
婆娑醉向巖邊臥身在蓬萊烟靄中

大士閣　　知縣　李肇勳

半間佛閣俯層城聞說高人此隱名入座曇花欣共對
飛空松翠若相迎岩邊煮酒頻催句山外傳更漸有聲
寒食可憐煙火寂挑燈遥見野雲平

大士閣　　西湖　王　功

閣外千峰擁坐隅龍門曲徑轉縈紆登高授簡才俱俊

覽勝我亦與天齊自昔芳名垂華柱于今託[illegible]重蕭条
即看遊[illegible][illegible][illegible][illegible][illegible]何妨[illegible][illegible]

問仙亭　　知縣 李肇勳

不須衫履不須巾太古遺來一散人[illegible][illegible][illegible][illegible]青增俗累
閒邀雪月結芳鄰蒼苔鶴跡留丹[illegible][illegible][illegible][illegible]吟接暮[illegible]
進火明朝傳上苑千岩花柳共[illegible][illegible]

問僊亭　　江右 湯開遠

石龍高嶺欝崔巍千里遊觀亦快哉天外斷雲開遠目
林間皓月映深盃登山我愛青松色作賦君稱白雪才

日暮高臺聊徙倚一行歸鳥入林來

前題　　吳勛

秋高躡屐倚岩扃泛菊何辭醉復醒雲際鐘聲黄葉寺
月中山色翠微亭繞枝飛鳥何時定深樹啼猿不忍聽
偶憶謫仙還自問一編且讀蕊珠經

前題　　知府孫大儒

山門仰首覲仙庭鶴駕何年駐草亭岩畔花開旋復落
昔陽人醉幾時醒白雲詩句留煙雨瑤島鸞音望窈冥
對酒長歌非鐵笛凡間猶作玉簫聽

樊公祠　　知縣李肇勳

自慚涼德守邊疆，節府靈殘見舊業。當日口碑猶可聞，千年俎豆尚相將。壇依伏虎風生戶，門對石龍雲作絳。圖書滿前須領略，新茶早已熟西廊。

百丈庵　　周九如

絕巘臨登着屐行，幽情午向境中生。半林霜葉催金鐘，幾處巖花不辨名。竹裏看山添翠色，泉邊聽鳥奏音聲。歸時倦臥西窗下，四壁微涼一枕清。

前題　　吳鏐

碧山四望氣氤氳苔痕石上文古樹亂鳴將宿鳥
禪房半掩欲歸雲無邊野景閒中得一派秋聲靜裡聞
解識真如空色相何妨木石與同羣

百丈山　　知縣鄒儒

東風吹暖散春寒偶向仙峯縱一觀入眼林巒疑夙夢
任情笑傲且休官山茶滿樹堆霞片瀑布懸空濺雪團
風景此中真箇好三年回首俗漫漫

又　　鄒儒

入來一望便悠然信是山中別有天樹老化龍攖霧出

岩深引踞作花眼鉅靈斧鑿人仙緣在禪跡躡雲走亦云

兀坐[illegible]因緣護玉洞在于邑石城山內多仙跡

馬仙墓　　鄒儒

奇拔百丈逼雲峰蛇飛塔遺第發重浮掃紅塵無點垢

倒垂綠樹已非松杜鵑處處啼寒食澗水朝朝咽暮鐘

談繫仙媛貞孝女千年馬鬣寄奇蹤

石梯嶺　　吳貞明

林巒盤紆竹樹幽遥看溪浪雪花浮梯痕近覓升高處

石級斜通最上頭綠落層岩飛匹練寒生六月似深秋

匡山漫詫銀河水此地還誇百丈湫

霞帔山　　　　陳筱

何年神女下人間霞帔輕拋化作山朝露融融梳石髮澗梅點點綴雲鬟岩邊翠色分蒼嶂谷口清音響珮環我欲援奇頻躡屐悠然相對樂清閑

天馬山　　　　知縣　程維伊

天馬岧嶢佳氣殊象形宜入瑞圖騰驤欲騁追風足蹀躞寧同伏櫪駒雲彩繽紛疑錦障花光爛熳擬流蘇道林過此應心賞買隱何嫌山徑紆

巾子山　　　　教諭　徐應亨

巾子峰頭駕彩虹爇山一道往來通霓旌冉冉飛青嶂
雲蓋亭亭擁碧空仙仗依稀尋玉館帝閽咫尺太微宮
先朝盛事誰當繼多士應收萬卷功

僊桃山　　　　吳倖

堯峯突兀紫烟開空翠濛濛拂袖來山際近看疑雁宕
石梁遥度憶天台春歸別圃叢花發日落高林衆鳥回
斗酒不禁詩興劇秪今誰是謫仙才

鳳凰山　　　　季叔明

比翼凌霄勢欲飛，晴空躡屐挹清輝。石經夜雨苔猶滑，徑着秋霜木葉稀。南接幔亭仙窟近，東瞻雁宕海山微。何年跨此吹簫去，五嶽猶堪一振衣。

棘蘭峯　李燁

棘底蘭香景最幽，乘高躡屐足遨遊。輕烟細細翻連夜，薄霧迷迷夏復秋。絕巘行人天上落，懸崕古險水中浮。樓頭畫角當空盡，夾岸風清聽鹿呦。

青峰山　周宣

寒巖寂歷迴生煙，絕頂岧嶢尚接天。雖已披雲驚宿鳥

秋聲穆雨入鳴蟬尋幽試覓豐干宅覽勝遥探慧遠泉
是處叢山堪寄興茅廬老石補邊

天梯山　　吳其琰

巍巍山勢甚崔嵬嵐掩松杉樹樹梯上台紅日早從低處起
白雲時向下才來孤撐絕頂高無匹突擬攀岩亂竹堆
攀躋不嫌千級遠縣崖既望幾層巔

屏風山　　吳文顯

西河擁堆聳屏風砥柱横江□□□□□構形標勝概
高聳絶壁倚遥空多疑四面五丁鑿真處如屏□經紐

謝客如何不到此拾來多景倡仙翁

青峯庵　　　　　　吳王楨

倚天高刹勢雄哉雲際遥看般若臺花逕峭風飛作雨瀑經斷石聲成雷松篁巔發猿聲合鳥噪煙消翠色開最喜空山明月夜數聲鐘梵上方來

雙溪庵　　　　　　知縣鄒　儒

連日探奇百丈西衛輿曲曲度雙溪竹松青裡桃含笑泉石聲閙鳥覺啼閣峭自來雲作伴榻孤偏與月同棲禪關深處塵緣斷欲結團瓢傍澗低

又　　鄒儒

塵事悤悤興未闌，偶從方外訪蒲團。僧園山鎖禪關路，兩股泉飛偶語瀾。自愧東坡無玉帶，擬從勾漏覓金丹。他年莫負溪頭約，請看淵明已挂冠。

勝隱庵　　吳迺凡

乘興登山景物清，草庵小憩俗緣輕。石多幽趣忘今古，素自癡狂懶送迎。斷壁猿呼千壑雨，空天鵲度萬峯晴。閑心尚欲尋泉脈，忽見林東月已明。

百花庵　　季艮璣

聞道仙巖燦百花春風步屧入煙霞蘿侵石徑緣溪轉
竹遶山隈傍岸斜曲塢幽深藏佛閣遥郁隱約見人家
向來靈蹟未湮沒方信丹臺路不遐

準提庵　知縣　李學歘

花雨繽紛灑佛堂倚風修竹戛青琅溪流漸漸通閩海
山勢層層遶括蒼背色求真參法諦乘虛得靜見慈航
何時共結蓮花社池上爭看五色光

亭湖庵講席　季照

渀渀溪水遶亭湖舊院新修等畫圖瀟灑風光金色相

廻廊月映玉平鋪氣清頓覺山川近物格方知上下孚
萬象森羅皆幻境沙彌且聽講唐虞

福興堂　　陳　祚

僧寮寂寂仙蹤閟舒卷雲霞護梵宫月照孤松光瑩徹
風翻貝葉影玲瓏山容如畫當朱戸爐篆生煙裊碧空
蒼狗白衣多變幻闍黎卧起日方中

六如堂　　吳　嵩

桂花香氣落青藤雨潑芭蕉破未曾蓮社有詩傳慧可
鷹山何法繼盧能樓頭喃鳥窺春草龕口飛蛾守暮燈

領得薰風清磬響，一杯茗汁與高僧。

福善堂

吴南明

勝日郊原攬物華，東山翹映野雲斜。春歸陌上多芳草，雨過林間有落花。徑繞溪聲通佛刹，坐依樹影見人家。酒酣嘯咏俱成趣，移榻何妨就淺沙。

甘霖堂

吴其玉

一到禪房百慮寬，甘霖古寺倚層巒。松杉蓊鬱饒奇色，棟宇輝煌壯大觀。篆裊香烟雲影靜，風來竹塢鳥聲歡。憑高四望情何限，檻外長流作帶看。

石龍寺　　三楚毛炳

偶爾尋春到此間一時俗慮總全刪溪環北郭浮龍石寺枕西峯對象山雨雜松聲鳴梵閣烟含竹色隱禪關却憐作客他鄉久日暮偏看倦鳥還

又　　吳如公

焚香日日坐齋齋合掌瞻曇更愜懷門倚放生潭水活壇爲度衆法筵排天花半墜旂龍宿梵偈遥傳伏虎階普濟慈航會有約于今宿願幸無乖

天銘寺　　姚鐸

秋老山行悲落木黃花對酒一高歌蘿侵門逕邊應徧
蘚蝕殘碑字欲磨漆水舊聞尋寺偈聽經誰識遠公過
度江已含津頭筏隔岸同看翠靄多

慈照寺　王錫倬

溪迴路轉落梅香載酒尋僧到上方夜雨漲谿山染碧
春風拂岸柳添黃雲堆漫禮尋苔像禪室空留薜荔牆
莫道龍宮久消歇林端猶見白毫光

梵安寺　姚朝蔭

翠湧蓮峰一逕斜斷雲開合景偏賒身經夜雨山山綠

徑遶春風樹樹花清籟自張羣帝樂禪林誰識梵王家
老僧似得鹵來意雷莢頻分石鼎茶

九日補天閣弔楊公

姑孰 周之鑣

清霄雨歇應重陽一杖尋登木末黃萬井填城山缺處
雙虹負閣水中央愁聞鴻雁傳鄉縣忍見茱萸佩客囊
此日登臨懷作者祗餘新淚濕衣裳

小蓬萊

知縣 程繼伊

中流結屋近芳郊天下無煩論草茅勝地引人疑海島
輕雲扶鶴啄松梢燒丹爐靜春風穩採藥人歸夜漏敲

不信紅塵皆俗吏寄言詞客莫相嘲

文昌閣讌集　　知縣陳鍾靖

文昌靈氣辟天開入夜星輝照席來熱斷全光移北斗

一灣河影幾中台譙樓清漏隨風轉古剎疏鐘逐水迴

獨羨君家堂構遠紹庭應有濟川才

前題　　吳俸

萬山繚繞翠屏開閣外飛湍捲雪來拂檻桂枝侵月窟

入簾霞色近天台樽前恰聽春鶯囀花際還飛社燕迴

自喜公餘還嘯咏何人不羨出羣才

前題　徐應亨

綺閣凌[illegible]面[illegible]開千[illegible]來高[illegible]天象緯臨中座

東壁光[illegible]上台[illegible]春迴

登高作賦懷仙令[illegible]八斗才

前題　吳貞[illegible]

[illegible]來節看武庫連[illegible]

誰識文星剩上台勝侶漫講金谷集良遊肯羨習池[illegible]

片雲[illegible]作[illegible]雨點[illegible]七步才

九日題文昌閣　季時[illegible]

黄花滿眼爲誰開有客攜樽大會陪古[illegible]戶

八旬攜杖登臺頂劍氣從南吐射斗文光自來

醉罷茱萸期後會莫教冷落少陵杯

題石龍山

吴其偉

山形絶似笑天猊偶爲笑天傍此谿抛下一毬難過北

迎來雙瀾又轉西白澤有圖神似畫黄狸伏腦吼如啼

樵人誤指松間石擬作龍頭戴角棲

徐夫人廟

知縣 邵 儒

屹立芳祠倚石林青松護殿碧蘿深烟霞一塢神仙宅

香火萬家慈母心莫詡閨閣無直道已看巾幗有棠陰
幾回公事單車過陣陣清風觸我襟

冷水亭　　葉喬林

曲澗亭開倚翠微林間返照美晴暉殷雷忽向高秋起
小雨偏當薄暮飛樊圃殘紅爭逐水石欄冷翠欲侵衣
勞勞客夢知何處爲許相逢一醉歸

又

暮春遊石龍山　　樊之苞

結伴尋芳冠與童龍回淑氣藹青葱光午到山城外
春色猶留雲樹中鳥因春過啼還亂花從嶺上度薰風

登高遠眺情何限嘯志歌懷今古同

七言絕

文筆山　李塒英

亭亭筆勢欝龍蹤影離清池氣吐虹雁陣遥分微辨字

雲箋乍展欲書空

琵琶山　吳澍

翠巘潺潺響石泉秋風嫋嫋入鳴弦開樽坐聽風前韻

疑在江州月夜船

斑岱山　知縣　程維伊

翠壁丹崖飛白波銀河一派落平[illegible]好句今誰嗣

攜向山前擊節歌

峯雲山　　葉寶然

古洞谽谺鎖白雲春山曉霧散清芬坐來猿鳥聲俱寂

獨有飛泉隔竹聞

仙桃山二首　　知縣鄒儒

飛濤掛壁月藏陰石上碁枰類爛柯見說仙桃紅滿樹

身非畏倦奈如何

自知俗吏風緣慳幾費登臨總枉然纔把簿書拋欲盡

好攜丹竈昇蓮前

白雲洞　吳輿孝

霜林瀏淅葉聲乾着屐登山破曉寒磴繞七盤凌樹杪
泉飛百道掛簷端

桃州溪　葉孔舒

青山不減謝公墩新柳垂絲映遠村最愛桃花臨曲澗
何須更覓武陵源

棘蘭溪　夏森蔭

[illegible]尋天棘蔭芳蘭翠繞層巒竹數竿長似春深經夜雨

飛流一道捲風湍

竹口溪　知府孫大儒

渡口臨門晚繫舟當壚止宿甜憩重樓參差竹樹垂簾暗

婀娜香聲下楊幽

竹坑溪　姚文淵

清流曲曲抱城西夾岸猗猗竹影低秀色滿前滄不盡

當年猶號古金溪

過竹溪　鹽驛副使徐鏘

峯巒層疊樹陰森到此應忘出世心堪笑我今歲大隱

大山惟恐不能深

蟄龍潭　　　　知縣　楊芳燦

龍潭碧影靜涵虚龜石渾疑洛出書更羨清秋明月夜

一泓深處漾芙蕖

銅鉢潭　　　　吴鳳翔

清溪雪色瀉飛湍潭影澄空玉鏡寒却似衲僧擦一鉢

箇中疑有老龍蟠

褒封亭　　　　吴趨蓉

炎節歊蒸暑氣侵暫留亭畔息層陰褒封事遠人何在

惟有青山閱古今

魏溪亭　　葉尊然

一派溪光瀲灧波亭臨曲澗枕岩阿憑風明月誰消領

隔岸時聞樵子歌

掬水亭　　吳履亨

瀲灧清波注碧川沿堤芳草更芊緜凭欄少憩渾忘倦

閒數浮鷗戲水邊

明笞亭　　周渡津

絶巘危亭走野狐荒蕪踏破北山隅披襟欲坐誰同調

勝境風景一 疊巘

迎春亭　　季聯亨

巍峰撑巒巘後春譜和玉燭此方新亭間忽聽鳴春鳥

恰是東皇布德辰

西山頂鳥石亭　　吳□垣

亭高十丈豈來山低俯視郊村烟景迷石磴盤空凌絕頂

白雲猶在竹林西

西□亭　　吳樹聲

西山高聳石磴盤曲影□光入望新亭上白雲都掃盡

斜陽一[illegible]

[illegible]亭

吳爾秉

微茫山徑逕著蒼林木陰森草色青閑坐此中誰作伴

亂雲片片[illegible]

尋微亭

吳[illegible]仲

大地春回綠[illegible]青山環拱映朝暉眼前秀色堪圖畫

好似江頭[illegible]

來鶴亭

吳崇仁

亭高遙望白雲飛山石嶙峋行徑微跨鶴仙人何處去

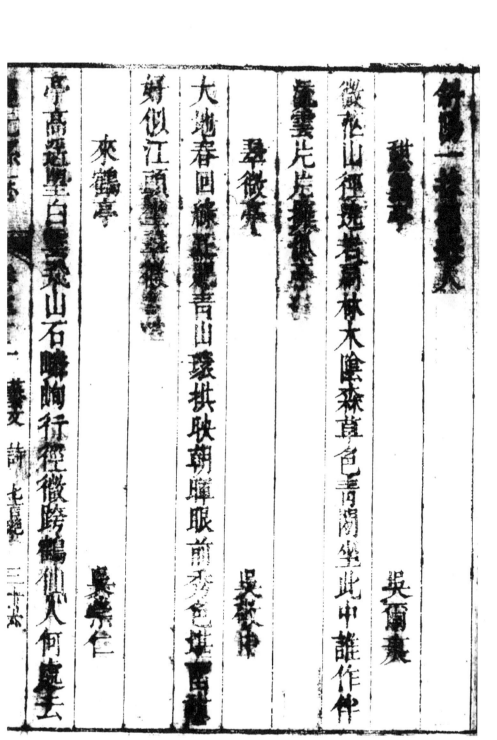

至今猶望鶴來歸

擲石亭　　周之夔

誰將男斧劈層巒，振策何愁行路難。四面雲山誰是主，此間好作畫圖看。

勸農亭　　葉文棟

大有何能歲歲書，是須東作勸耕鋤。亭前一望平畦綠，始信豳風語不虛。

風舞亭　　姚[illegible]

習習和風自可人，迷離曲徑孰知津。水邊霧隱花千樹

松際雲開月一輪

上洋亭　周[illegible]

原隰昀昀分上下[illegible]有花竹秀而治[illegible]邐迤渡古樓東
詩思忽來提[illegible]

八角亭　胡[illegible]

地聯闤闠[illegible]中分八角玲瓏[illegible]夕[illegible]好景看來[illegible]八[illegible]
畫圖山色一[illegible]雲

聽[illegible]亭　[illegible]文[illegible]

亭橫碧巘賦同行徑轉山[illegible]明[illegible]

喲喲聲細入風清

小蓬萊　　吳千春

覽勝臨流步兆陽寶虹橋畔數金魚盤龍千百忽驚起佇看昔㬎徧地攄

砥柱閣　　吳爾圖

狂瀾萬頃注龍湫捲雪奔雷留滿縱聯幾見堤成覆舊基於今誰復砥中流

學稼亭　　吳美中

吸泉撥火此山中一縷茶煙繞竹風忽見斜陽開照色

相將待月出林末

石獅堂　　吳之騏

涼露娟娟秋過半蕭疏黃葉飛閑慢禪關不許俗人敲

啼鳥數聲來枕畔

白蓮堂　　吳子駿

禪堂晝靜碧雲橫雨過紅蓮花半殘猶有清香來此境

山光潭影儘盤桓

萬壽庵　　葉成章

秋盡閑登般若臺僧樓閣鎖挹蒼苔山飛紫翠雲先霽

木落霜黄眼界開

萬松庵　余[illegible]

鐘聲帶月出花宫，香靄霏微蔭碧空。孤鶴長鳴松色老，遠山半掩暮烟中。

勝隱庵題流耳泉　葉潛

崖際寒泉入映鳴，清音細細耳邊生。幽人初向山中宿，静聽琴聲古曲聲。

勝隱庵題鶴[illegible]　吳[illegible]謝

何人養鶴煉金丹，鶴去山空澗水寒。把酒不妨[illegible][illegible]

踏霜歸去月團團

勝隱庵題停鶴巖　吳沖

石壁巉巇高接天凌風玉珮去何年開心已識遊仙意日日看山便是仙

勝隱庵題瀑布　周九如

翠屏千仞勢夐絶一道清泉飛玉屑激石濛濛生白烟舞空點點散晴雪

源隆庵　葉校

縣安須燃大智燈法堂雲護碧層層林香登已開簷前

谷響從知斷葛藤

天堂庵　　姚家蔭

危峰削石翠如屏竹有留題石有銘昔日遊人何處去
雲山終古不磨青

海會庵　　葉蔚棟

曉色初開萬綠屯鐘聲出水又黃昏歸來梵繞巒岩路
修竹林間酒一樽

豐樂亭　　葉邦勳

豐樂亭中景最幽蒼茫林樹白雲浮四圍山色青如許

一帶烟光暈夜流

五言絕

源潔菴　　王綸

山峭雲常在泉幽韻更清岩松含翠色山鳥少人聲

龍濟菴　　葉璉

山奇惟見骨樹老自多癭一榻亂松邊坐看雲水靜

雜詩附

宋

步龍泉邑令題濟川橋　　陳嘉猷

此地天教繫斷槎古來劍氣屬張華長橋高閣一時勝
巨碣雄篇衆口誇曾是斗牛相照映不應風雨肆欺斜
令君小試扶顛手便有歡聲滿萬家

明

留別松源父老　知縣　陳九功

我愛山城不我欺山城偏與我相宜催科更不煩敲撲
聽訟何曾結繳譏無事小窗惟讀易有時過野只烹葵
來朝馬首麗陽去一片白雲繫所思

國朝

前題　知縣 董[illegible]

作吏[illegible][illegible][illegible]度春　秋風吹送一閒人　慨無實政堪稱最　笑有空囊莫厭貧　閉戶絃誦多秀士　耕田力穡是良民　謳[illegible]片[illegible]相[illegible]贈　安分由來足保身

題延陵周[illegible]姑雙節　知縣 程 燈

斷臂完貞耄耋時　一門姑媳兩堪奇　九重綸綍[illegible]華表　千載芳標薦節祠　送死鄰傳猶子孝　承祧還有稚孤遺　我來問俗關風化　遡思弔幽光樹壼儀

前題　知縣 蔣 潤

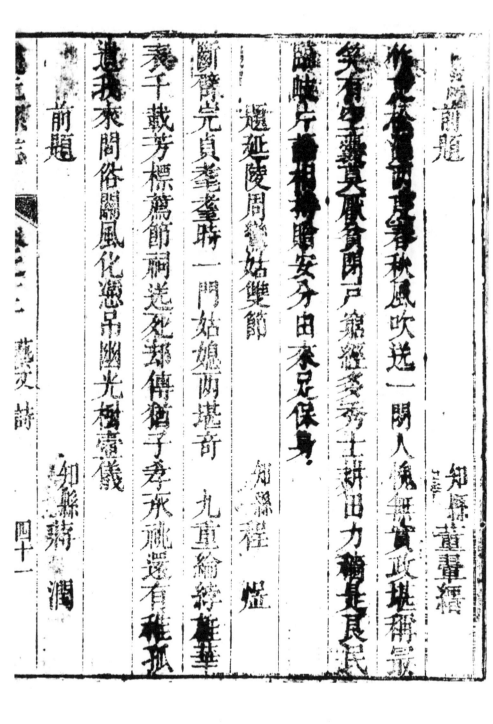

孫綿嗣結何照户三星暫明今夕詰旦理粧早哭樂昌

鏡缺勉順高堂義訓不遂初心死同穴伯姒憂能分乳

嗣續綿瓜瓞　佳婦佳兒甫長維華早痛天奪寧馨中道

又折姑矢栢舟志媳並懷清潔共歷饑荒兵火六十餘

年如一轍允沐

天家寵錫表一門雙節

題濟川社學　　吳桐

服古入官先正名岐途亂正害非輕梧桐百尺常棲鳳

不許鴉聲雜鳳鳴

邑侯唐君瀛熏山禱雨恭紀　吳元楨

兖嶽岣嶁鎮巨鰲華天雲漢儘煎熬為民請命行途上跛日當空再拜勞雷震山南收旱魃雲生足下起波濤回車忽帶千峰雨百里歡騰瑞雀高

和署任孫邑侯九日登石龍山　吳元楨

賦到雲山語自鬼況逢齒屐共徘徊烟花自合分留守風格何如論本來彩幅已隨飄勢落酒旗更帶夕陽開錯年佳話傳青史雲外新詩雨後杯

晚餞師台　季學勤

會稽名蹟産名人鏁見才高氣未純鳳範惟有錢夫子
知天知命獨守真少壯知名膺　恩寵老大乘鐸抵四
春性靜不嫌菁莪冷始終如一敎澤匀桃李門前西風
急秋陽影落對素質講堂老桂最先發庭有丹桂是秋無故自折署
後棲鷗若若失國有鷗數百餘後三日悲鳴盡去故可憐終養願已遂呼
嗟遊子尚未歸蕭條棺外何所有四五童兒守素幃仲
氏嘔號哭霧起滿城行者傷局已我輩賻贈送行程屆
指鑒湖千外里

錦水橋以誌感　　吳元瀚

[illegible]爲精結構同庭雨樓基新店北
丹黃射貌濟川東賞堤樹色垂芳靄古甸息翁南遠風
日暮驅車來繹絡高才孰是茂陵翁

步荔園游石龍山原韻　　知縣 文廷楷

環城皆山鬱巃嵸就中蜿蜒形如龍一峯突立勢拏攫
舟當欲雨陰冥濛我來小住山下寺中夜微微吹天風
老僧爲指石龍跡不緣捧檄安能逢憶昔浪游泰岱頂
日觀峰側森長松又曾放舟入東海三山隱約波濤中
驚心怵目控樓底萬流奔注皆朝宗濛洲于役小延佇

彷彿睡覺聞晨鐘問訊土齋孚物產數孤者筍稱年豐
樂字催科慚兩拙一行作吏悲詞鋒何時擲衣石龍上
縱目四顧開心胸景公豪興誰與同揮毫笑傲登此峰

過竪民村　　知縣熊　珍

三年薄宦到濛洲故國茫茫憶舊遊揮筆久疎青玉案
論文忽上白雲樓蕭蕭風雨春寒積燕燕鄉原小麥紬
自愧生平無好狀相逢一醉復何求

普渡橋志感　　吳得訓

竹溪溪水落長空路關樓燕輻輳同綿亘何年鞭海石

依稀半碧架瑞虹柳陰不用方舟渡橋畔偏令輿馬通王政於今侔夏令千秋猶自憶程公

登黄壇二仙宫　　吳洪

巍峩仙閣峙村西俯瞰人煙一望齊樹疊龍鱗松韻遠簷飛鳳翅竹林低雲開殿閣遥排岫月見浮渊半映溪此景由來難再得登臨乘興喜留題

鷺鷥亭　　姚錞

小結茅亭曲徑幽鷺鷥坳外翠林稠高峯舉轡人初到峻嶺盤紆馬欲留會向樹間聽鳥囀遥從檻外挹溪流

荏苒遷客凄其意古道斜陽影半收

得月樓　吳先經

山開半月恰當頭景色時時總是秋我亦近來興不淺此樓應得似南樓

渡槎溪　吳匡選

層波叠浪水聲喧十里溪流一氣奔我欲乘槎隨漢使不知何處是河源

鐵尖峰　陳紹虞

萬叠崇山上孤峯削不成遥連霄漢色似結太陽精[illegible]

枚蹄幽壑光芒映曉晴詰朝雲乍起疑射斗牛横

永興橋　吳孟登

地僻人烟少山危水澗深潺湲飛白登洞落千尋岸苦峩巖滸溪愁勒馬臨巖最宜鞭石手爲合濟川心

濛淤橋　張將悊

峯巒環抱鎖溪聲百丈流虹飲澗横我欲諸題柱客長門恰喜倩長卿

遊石龍山　教授張駿

何年候雨被天嗔謫下荒山化此身怪石玲瓏多拂背

虬松天矯盡生鱗羣衲尚欣千秋骨放眼能收萬象春
我欲凌空發長嘯恐驚風雨起逡巡

雲鶴堂講席　　袁準璈

吾生碌碌一青氈欲買名山未有錢愧拙畢比君北面
吾來幽境占西天晨看雉堞烟霞滿晚聽松鶴鳥雀時
博得此心清且靜好和童冠濯流泉

梅樹嶺　　毛九經

岩巘峻嶒橫棲[illegible]際高尚逼天一線遥接[illegible]
凌巔悠眺碧青空樹臨[illegible]形勢時[illegible]

行客無須愁載酒，梅林已熟翠烟中。

天馬山　葉之蓁

渥洼有馬自天來，形駐荒邱秀色開。竟日嘶風黄葉裏，昔年被駕白雲隈。晴嵐裊裊雄千尺，曉霧悠悠浪一堆。伯樂當年搜未到，羈臨巖畔不知回。

遊石龍寺　饒鎔我

高臺日暮歸雲矣，湛湛禪心潭底月。法界三千靜裏窺，因緣十二空中發。長公乘興勝虬峰，莊子尊生昇象闕。更憶山巔最上層，翠微深處僧行滑。

何處白蓮光閃爍松潭掩映東林月酒傾彭澤鄉肴揭
鐘扣少陵深省發詩偶近登般若臺看山遥見蓬萊閣
喜偕惠遠共追隨擊竹拈花龍窟滑

濛洲八景

巾子祥雲　吳元棟

巾峯佳氣合表瑞協昌期雲結三春彩橋連兩岫奇實
車飛漠漠仙仗炫離離徵應前朝事於今欲見之

又　吳公選

祥光何處影繽紛巾子峰頭一段雲乍向空中連靉靆

遥從碧落接氤氲番泛帶雨垂朝靄漾隨風照夕曛

記得仙人曾拄杖劉家舊事古傳聞

霞帔麗日　　吳元楨

仙佩何年化雲山萬古留形齊天帔落色共日光浮磅礴餘文綺晶明射翠樓不須頻看屐相對與徧幽

又　　余壇

何曾拋帔落仙家帔欲流山山映霞帔落天曠欄晴嵐遠照日光華黃花不避秋顏老青芋猶留碧意縣色辨中央誰煆鍊遺來疑自古皇媧

百丈龍湫　　吳元棟

百丈仙靈挹龍湫許獨尋真迹三井外氣接五湖深絕巘浮青靄寒光瀉碧潭興雨朝雲乍合霈澤應商霖

又　　吳公選

飛瀑懸崖一澗開靈湫隱隱響雷霄半天水欲因風急六月寒偏逐暑來混沌無痕經劈鑿神仙有窟任徘徊崇朝霧起山腰雨噓氣隨雲徧九垓

雙潭石印　　吳元棟

燕尾交流碧石中滙成大篆形波洄雙帶綠瀾湧一拳青洛

水會爲鍾龍巒早化星千秋同海石砥柱協川靈

又

余巒

嶙峋片石砥中流圭角天然一印浮苔色深時掩暈綫波紋皺處劃銀鈎會將山勢供圖籍青掃苔痕認鐫鏤纍纍腰金應有光垂紳直上鳳池頭

石龍烟淨

吳敬甲

日射晴光遠疊巖宿霧收天衢連秀色雲路躡青胼竹底入烟淨龕前樹影稠點塵曾不染結想覓辭投

又

吳公選

石龍山勢鬱崇隆，盤曲紆廻一徑通。山雨欲來秋色弄，溪聲過送暮煙空。天開圖畫形難肖，古有登臨興不窮。試瞰層城頻眺望，渾疑身在白雲中。

雲鶴松陰　吳敬甲

山郭靜朝暉，長松擁翠微。風濤奔澗水，苔徑接禪扉。樹暗雲常在，堂空鶴未歸。盤桓情未已，清磬出林稀。

又　余塏

雲鶴堂中鶴已飛，百年世事想依稀。祇今惟有松容老，何處更看鶴影肥。客傍午陰穿曲徑，僧來月下叩禪扉。

林間莫訝鐘聲出不盡濤聲夜柳微

梅坳夜月　　吴敬甲

忽見梅花發坳頭月正團幽光呈皓魄冷艷沁冰魂羣木聲逾靜空山水自湍徘徊留玩賞應作廣寒看

又　　吴公選

梅因破臘爭春色月以經秋帶曉寒不見梅花中夜白偏宜月在古坳團香聞十里寧嫌暗影入三更正未闌最是山頭風景好冰魂皓魄一齊看

槎水春瀾　　吴敬甲

滆滆烟槎水，春來錦浪生。橋低新雨足，沙護舊痕平。樹影依堤登，鷗羣列岸輕。渾疑星漢近，最是綠洲行。

又　　余塏

盈盈碧水繞槎溪，無限清波漲舊堤。十里濤奔沙岸白，千重穀皺板橋低。客疑泛艇經星漢，人為尋芳倚杖藜。風雨籬邊春意足，香臉一望草萋萋。

巾子祥雲　　周培陞

一望祥雲吐，巾峰瑞氣涵。乍疑張翠蓋，旋[illegible]駐仙驂。雨纓還濯春，花香並馥箇。中有佳兆妙，諦可誰參。

霞帔麗日　李學勤

仙女知何去空拋帔在山如霞真爛熳映日更斑斕色耀青絲絡光連碧玉環胡蝶飛迷芳草不知還

百丈龍湫　葉邦勳

靈湫飛百丈撫景正徘徊石罅深成洞龍文淺覆苔九天疑噴玉十里宛聞雷甘澤隨時降山晴雨亦來

雙潭石印　余鈞

岍澗雙潭迥烟開片石浮分風拖燕尾貫水出龍頭帶繞千重翠文成五色幽更看明月夜倒影落長流

石龍煙淨　　周培陛

山高形突兀煙壺包朦朧似霧飛深洞如雲鎖遠空一朝風盡捲千里目能舒環繞皆山水都歸眼界中

雲鶴松陰　　季學勁

何處覓仙踪空餘百尺松清陰酬午夢躁韻入晨鐘鶴已無心任雲仍着意濃禪甚諸品淨翠影落壺壺

梅坳夜月　　余鈞

月照三更夜坳開幾樹梅也知香獨抱備賞白成推信是同心契相將載酒陪素娥如見許隱逸羨太爽

槎水春瀾　婁之苞

合注諸溪水，春深尚帶寒。隨風旋作浪，激石直成湍。急走聲偏壯，鷗飛路正寬。却驚槎客渡，須到過前灘。

巾子祥雲　田嘉彥

嵯峨巾子列晴空，瑞靄斑連紫氣通。錦幛千層銜麗日，星橋百丈駐飛虹。烟浮霽見金爐裊，光耀華簪寶髻工。亂縵無心原不定，山靈應許古今同。

霞岐覺日　田嘉言

山名霞岐爲春客，掩映晴光積翠濃。綠樹迎風搖翡翠

娟花含露媚芙蓉曉簾初啓朝陽映繡幌還開白錦峯
更有一般堪比儗玉環方拜紫泥封

百丈龍湫　田嘉翰

浩淼銀海翻餘波神龍時勢通星河八荒代波飛帝闕
雲垂水立走雲雷山湫百丈石嶙峋九淵無深莫若[illegible]
嵩山五嶽遠來過雷陽挂壁躍金梭會將呼兒策青驄
風伯前驅反偃禾歲窮清幽息湧沱霖雨潤物天下多

雙潭石印　田嘉翰

歷陵山高三千丈七孔石印雲漢章太平皐偉頌熙洽

米書巨妄誕稱都揚我遊鐵識戒齊縮中涵砥石乃鏡裂
蜿蜒龜紐青泥封紫鮮斑駁狀鏽鐵月照寺理象外呈
誰知鬼斧鑱隱平狂瀾澎湃撼砥柱鰐蛟蟠踞黍玄明
噫嘻綏緒天下信造化爲鑪真堪認介石飲水有如此
應作萬古河山鎮

石龍烟凈　田嘉修

驥首天衢第一峯烟消霞滴紫苔濃登臨渾似乘風去
俯視雲山幾萬重

雲鶴松陰　田嘉修

閒訪入谿來空樓翠色深烟樹靄從古花落石太陰山

月千年事風濤萬里心悠悠前古意何日再來尋

梅坳夜月　　田嘉翰

蹤影本幽姿斷形在山幽逗娥徧舞真婉轉照雲微一

點天邊心清自原相屬遥遥隔霄漢今另芳惜空谷

槎水春瀾　　田嘉言

溪水滔滔遠接天山花兩岸夾晴烟果然從此探源去

翹想浮槎又隔年

前志序錄 附

前明沈汪楊三志刻本無存無從考載程志凡十卷康熙十一年知縣程維伊訓導戚光鼎重修維時總其編者副榜拔貢吳運光生員季炟分纂則貢生吳王賓生員葉作梅鮑二酉江南萃吳銓臣季煥劉作僖陳觀德周九如吳鏐葉珪葉嵩陳奇琨張寰樞吳康周卜功葉長務周奇劉鼎傑一十九人志分十門一輿地其目爲分野沿革疆域形勝城池山川堰陂津梁市鎮街巷關隘營寨坑冶坊里風俗二建置其目爲秩統公署學宮

社學射圃鄉約所社稷壇山川風雲雷雨壇邑厲壇城隍廟舖舍坊表亭閣莊臺塔養濟院漏澤園二食貨其目爲戶口地畝税額起運存留物産四官師其目爲知縣縣丞主簿典史教諭訓導五治行其目爲官師列傳六禮祀其目爲文廟壇壝羣祀寺觀七選舉其目爲進士舉人歲選例貢辟舉武職援例恩廕貤封八人物其目爲理學忠節名卿清正文學仕績孝友篤行義俠善良貞節隱逸僑寓仙釋九藝文其目記二十二賦一序一傳一十雜事其目爲災異古蹟邱墓計序三跋一

原序

知縣 程維伊

粵稽歷世御極典章脩飭一統有志方岳有志郡有志牙籤汗牛富於二酉後爲縣志何居古侯國皆有掌記之官今之巖邑非古之小國乎政事之因革人才之盛衰地理之形勝田土之肥瘠物產之厚薄風俗之淳澆與夫天變人謀莫不於志乎察其源流驗其盈虛俾賢者有所觀感愚者有所懲戒此古今之權衡也慶元建於宋之寧宗歷四百一十二載從來有志迄明萬歷四年邑令洗君始搜家乘訪野老起而草創之肆四十

六年邑令汪君復加脩葺崇正十五年邑令楊君僅補
闕畧于茲又三十年所其間兵亂相尋殘編散失益歎
文獻無徵伊治慶九載服官之初即訪詢舊志故家耆
老僉云丁亥兵燹版籍盡燬即鄉士夫家亦無有收而
藏之者數購之不得壬子冬奉　部檄徵邑志彙上
史館修一統大志以繼隆古盛事伊徧搜閭閻僅得殘
志二册蠹嚙之餘首尾殘缺乃掃雲鶴堂召邑諸生雅
有文行者與之商確而屬筆焉蓋慶雖越東之最衛財
賦不居乞斥然語山川則有百丈之勝歸然犁空爲神

仙釋宅可與天台[illegible][illegible]鼎峙寰中語人才則有先哲劉
公殿試第一[illegible][illegible][illegible]起且如少師吳公耿亮博雅篇中
外表望頭大宗伯吳少司徒胡中鋒諸公璽頭朝端會
由九坡光與者王黃門讀卷而識文信國古誼忠肝以
得士賀可謂千春養眼流光汗簡若夫寶仲翁冠逈籍
異授出宰忠勇[illegible]國[illegible][illegible][illegible]自許緋衣奉使君命不
辱磊磊落落[illegible][illegible][illegible]君子並峙而爭雄使餘馬未修
將來政事人才理田土物產風俗何所徵考歟諸生
咸[illegible]伊[illegible][illegible][illegible][illegible]以余輯舊聞爲任竟雖故實而不治

其誇廣據論而不眩其見各以其事分類取式厥遷之由而不淹其實雖既筆娓娓悠倦伊傳書之餘謬司綜理不閱月而纂輯業竣爰付剞劂爲邑實錄以答

聖朝右文風問俗之德意至於追琢章句衡鑒流品將以待後之僑肸云

原序

訓導戚光朝

慶邑建于趙宋隸栝爲末邑僻在萬山土瘠賦詘窘愁疾苦不及上聞長吏治行無由表見邑之志前所創修湮沒無存所謂文獻不足二代闕徵雖叢爾杞宋孔子猶傷之也概自癸未迄今又屆三指天道以三十年爲世其間建置沿革吏治民生芳規懿行不可無紀歲壬子承　部檄徵邑志程侯富石渠之學揚知幾之筆開館編摩僅邀數人佐之而全書盡出侯手裁剟體取義倣于古史不可增損一字有一登目而燦然來侯來慶

九霄蜚聲廉幹精銳治理功德夐古士民謦歌共戴其
恩茲舉且以再閱月而規千春之業其垂惠慶邑更悠
且久矣走也才魏典教幸得佩鞶續貂聿觀厥成並宜
書

原序

邑人吳運光副貢

昔孟堅志地理後世宗之故寰宇中郡自為祀邑自為載皆命曰志即神官小史各以其耳目所經者筆而存之以徵信於當世邑之有志誠尚矣吾慶邑自趙宋向未有志自明世沈公創之汪公繼之楊公又繼之雖標列成牒類皆猥冗而失倫舛訛而弗實適為博古者所反脣耳歲甲辰邑侯程公以三楚名家握符蒞茲土下車時見舊志殘缺文獻無徵遂慨然以搜羅纂輯自任矣嘻斯時也千家灶冷萬井煙寒鵠面鳩形者塞道左

一若赤子待哺於慈母侯載星出入爲之問苦問疾[illegible]
衣推食之弗逮奚暇濡毫吮墨以爲纂修計也哉幸人
瘡痍悉起不啻活枯骨而重肉矣爲思侯九載恩勤百
廢具興黌宮無茂草城壁無復隍津河離褰裳之憂下
夫絕小吏之欺且清丈而則壤定并戶而賦稅均蘇逋
困而葺耗贍清隸木而勸種植其呼嗟而辦者皆數百
年未習見之舉其取懷而子者皆數百年不世出之恩
我慶之沕感於侯也豈有涯哉民功底定文教覃興適
奉　部文徵邑志侯曰此余夙志也今悔矣于是訪故

老捜遺編[illegible]者[illegible]之信者備之斥[illegible]而引新削繁而[illegible]
簡潔錯綜而歸大雅閱月告成計卷有十山川之形勝
政事之因[illegible]士之[illegible]與夫理學文章忠孝廉節之
可傳者登目聯[illegible]其立體取義孫侯獨出其手裁尤難
佩肇商訂[illegible]一辭也使吾慶他日續纂先生與
夫賢人[illegible]之明倫因而思侯之功德則遺文
剩[illegible]豈可[illegible]山一石迸淚千古遡流風而揚盛烈者
可期于[illegible]之君子矣

原跋

壬子冬灯從諸生後趨程邑侯會[illegible]於育英庄論文之暇語及風物淳漓之變今昔得失之由斯人休戚之故深痛舊志淪亾亟思所以修輯之灯起對曰志不以言而以事若徒托之空言而不見諸行事則有志而無志者旣見諸行事不徒托之空言則無志而有志侯九載於斯政通人和百廢具興已具全志於一心再筆載斷卽爲信史茲奉 部檄徵邑乘彙上 史館删定纂輯正其時也乃詣雲鶴堂召諸生與之商訂考據分卷

邑人季灯

類編凡所紀載有綱領有節目斟酌於物情世態之間出入於造化古今之變彰往而察來鑑此而考彼曲盡乎治民事神之理周遊乎疆域形勝之大審時度勢引乎前而慮乎後悉其所舉而措之者也故其攷徵也確其序事也明其取舍也當可疑則闕可信則書旨達而文言曲而中大矣哉班馬之流也灯蘐與較讐討論識候之用心良苦有春秋之遺意社稷由是而知其所損益焉風俗由是而知其所醇醨焉教化由是而知其所張弛焉人才知其何以忽盛而忽衰賦役知其何以或

義而或留德功之報知其何以踵舉而不廢津梁也知其所利涉關隘也知其所扼要甲兵也知其所時閱於城郭而知其所增高於歆享而知其所告虔鹽有害而知其所以去刑苦繁而知其所以清以至撫䘏弔古知其修省而流連從此救偏補徼挽回作新穆然有餘思他若賢豪之挺生士女之懿美前修之昭灼鼓舞可以進德一變可以至道則與彼都人士共之此候之亶心力垂與章意也雖然此固一邑之掌故達之天下則無二道四海同文萬方一轍其間風氣雖有不齊而禮樂

刑政教化典常家戸盡然引而伸之益知其所立言皆其所以立功見諸行事垂之著論於全志可以想見其該博之學通方之才高遠之識洵無忝信史哉今付剞劂竣復爲校閲辯亥豕而稍補不足猶之發硎之劒砺以淬礪出璞之玉佐以追琢版章燦然樂觀厥成敢忘固陋而書于簡末